ALFABETIZAÇÃO DE JOVENS E ADULTOS

Dados Internacionais de Catalogação na Publicação (CIP)
(Câmara Brasileira do Livro, SP, Brasil)

Schwartz, Suzana
  Alfabetização de jovens e adultos : teoria e prática /
Suzana Schwartz. – 4. ed. Revista e atualizada – Petrópolis, RJ :
Vozes, 2013.

  ISBN 978-85-326-0613-6

  1. Alfabetização 2. Educação de Jovens e Adultos
3. Educação de Jovens e Adultos – Brasil 4. Pedagogia I. Título.

10-06812   CDD-374

Índices para catálogo sistemático:
1. Alfabetização de jovens e adultos : Educação   374
2. Educação de Jovens e Adultos   374

Suzana Schwartz

4a Edição revista
e ampliada

ALFABETIZAÇÃO DE JOVENS E ADULTOS
Teoria e prática

EDITORA
VOZES

Petrópolis

© 2024, Editora Vozes Ltda.
Rua Frei Luís, 100
25689-900 Petrópolis, RJ
www.vozes.com.br
Brasil

Todos os direitos reservados. Nenhuma parte desta obra poderá ser reproduzida ou transmitida por qualquer forma e/ou quaisquer meios (eletrônico ou mecânico, incluindo fotocópia e gravação) ou arquivada em qualquer sistema ou banco de dados sem permissão escrita da editora.

CONSELHO EDITORIAL

Diretor
Volney J. Berkenbrock

Editores
Aline dos Santos Carneiro
Edrian Josué Pasini
Marilac Loraine Oleniki
Welder Lancieri Marchini

Conselheiros
Elói Dionísio Piva
Francisco Morás
Gilberto Gonçalves Garcia
Ludovico Garmus
Teobaldo Heidemann

Secretário executivo
Leonardo A.R.T. dos Santos

PRODUÇÃO EDITORIAL

Aline L.R. de Barros
Marcelo Telles
Mirela de Oliveira
Otaviano M. Cunha
Rafael de Oliveira
Samuel Rezende
Vanessa Luz
Verônica M. Guedes

Conselho de projetos editoriais
Isabelle Theodora R.S. Martins
Luísa Ramos M. Lorenzi
Natália França
Priscilla A.F. Alves

Editoração: Marina Montrezol
Diagramação: Editora Vozes
Revisão gráfica: Michele Guedes Schmid
Capa: Eduarda Ribeiro

ISBN 978-85-326-0613-6

Este livro foi composto e impresso pela Editora Vozes Ltda.

Sumário

Apresentação: Uma "boniteza" de trabalho 9
Sandra Telló

Parte I

1 – Ideias iniciais 15

2 – Conceito de alfabetização 19

3 – O contexto da alfabetização no Brasil 25

4 – Alfabetização de jovens e adultos:
contribuições teóricas 33

5 – Os jovens e os adultos analfabetos: quem são eles? . . 51

6 – O professor-alfabetizador 69
    6.1 O saber do professor-alfabetizador, 69
    6.2 O fazer do professor-alfabetizador, 71
    6.3 O papel do professor-alfabetizador, 76
    6.4 O pensar do professor-alfabetizador, 77
    6.5 O olhar do professor, 80

Parte II
Os invariantes didáticos

O que são?.. 87

Invariante didático 1: *O diagnóstico do conhecimento prévio + acompanhamento individual da avaliação* 91

    Mas como fazer então?, 95
    Condição 1: A entrevista precisa ser individual, 99
    Condição 2: Construir um contrato pedagógico para a realização da entrevista, 100
    Condição 3: Material necessário, 101

Invariante didático 2: *A constituição do grupo – Apresentações + crachás + chamada*................ 107

    Como um grupo se constitui?, 108

Invariante didático 3: *Construção do contrato pedagógico* 115

Invariante didático 4: *O planejamento didático – cinco questionamentos básicos*.................... 127

Invariante didático 5: *Organização do espaço físico – Ambiente alfabetizador*.......................... 131

    O ambiente alfabetizador, 132

Invariante didático 6: *O conteúdo da alfabetização – texto e contexto* 139

Invariante didático 7: *A construção do repertório das palavras significativamente memorizadas* 155

Invariante didático 8: *O trabalho em grupo como princípio de aprendizagem*....................... 159

Invariante didático 9: *A lição de casa*............... 165

Invariante didático 10: *Construção do clima propício para o ensino e a aprendizagem*.................... 167

Parte III
A AULA-LUGAR DE ENSINO, APRENDIZAGEM, INTERAÇÃO

1 – O modo de iniciar a aula 171

2 – A ativação da curiosidade 177

3 – A ativação e manutenção do interesse. 181

4 – A ativação do conhecimento prévio 185

5 – A construção de significado da atividade proposta 189

6 – O fechamento da aula: sistematização das
aprendizagens construídas 195

Finalizando provisoriamente 199
Referências 203

Apresentação
Uma "boniteza" de trabalho

Sandra Telló[1]

Quando a Professora-Doutora entrou em contato comigo pela primeira vez, ela o fez diretamente do Panamá. Fiquei meio preocupada em corrigir um trabalho para alguém que estava tão distante e sobre um assunto que, julgava eu, não seria nada agradável. Mesmo assim, aceitei o desafio e, quando percebi, estava profundamente envolvida com o assunto, mas sobretudo com vontade de brigar com a professora, porque não concordava em nada com ela.

Queria brigar porque nunca tinha visto nada daquelas práticas que ela estava propondo. A minha visão sobre o tema estava arcaica. Devo dizer que nunca alfabetizei ninguém, embora também seja professora, mas de Português e Literatura. Trabalhei durante quarenta anos, mas com adolescentes e adultos. Por quinze anos exerci, paralelamente, o Ensino Superior no curso de Letras.

Tendo trabalhado também com alunas do curso de Magistério, acompanhei o trabalho de alfabetização de muita gente, mas nunca o havia pensado teórica e cientificamente, pois esse nunca foi o meu foco.

Ao fazer a revisão do livro, entretanto, descobri as ligações do tema alfabetização com as teorias linguísticas e fiquei fascinada. Eu nunca me havia dado conta de que, de alguma forma, os analfabetos também estão imersos no mundo da escrita e que eles, afinal, não são tão analfabetos assim.

---

1. Mestre em Teoria da Literatura. Revisora deste livro.

Entendi por que algumas crianças se alfabetizam sozinhas, e, no meu caso, redescobri a minha própria alfabetização no Brasil, mesmo não falando o português. Minha primeira língua foi o alemão; a segunda, o italiano; a terceira, o espanhol e, ao entrar na escola, descobri que a língua da minha pátria era outra, muito outra. A Suzana me explicou como consegui aprender sem traumas e sem problemas.

O trabalho dela é inovador, porque tem base científica. Ela sai do "achismo" para apresentar algo concreto, palpável, com sustentação teórica que possibilita a todos a alegria de aprender a ler e a escrever, de forma simples, mas, e principalmente, respeitosa.

Mesmo apoiando-se em teorias científicas, sua tese, ao ser transformada em livro, teve o cuidado de desfazer o tom acadêmico, a fim de que todas as pessoas interessadas em alfabetização possam entendê-la e experimentar suas ideias.

Só pessoas apaixonadas por seu trabalho têm esse dom de doar o que sabem em benefício de todos.

Descobri com a Suzi que ensinar alguém a ler é algo tão fascinante quanto sensibilizar uma pessoa para a poesia.

É tocar a alma das pessoas, pois só quem domina a linguagem pode, de fato, buscar o conhecimento formal, atingir as estrelas e mudar, quem sabe, o destino da humanidade. Escrever é pensar de modo orgânico e consciente.

E a Suzana ensina como se faz isso. Ela usou, em algum lugar, o termo "boniteza", e eu vou dizer que o trabalho dela é isso, uma "boniteza" que leva à reflexão e à vontade de tentar pegar as pessoas pelas mãos, para levá-las a descobrir, por meio da alfabetização, o mundo da leitura e da escrita e, a partir daí, os mistérios da própria vida.

PARTE I

I
Ideias iniciais

O objetivo deste livro é provocar pensamentos sobre aspectos que podem contribuir para a melhoria da prática pedagógica alfabetizadora.

Um dos motivos que o desencadeou foram os questionamentos frequentes feitos por professores alfabetizadores em diferentes oportunidades, tais como:

a) Quando devo introduzir a letra cursiva?
b) Como conseguir que todos os alunos aceitem trabalhar em grupos?
c) Como vencer o conteúdo no tempo que nos é destinado?
d) O que fazer com alunos que chegam cansados e dormem na aula?
e) Que tipo de atividades usar com alunos adultos, para que eles não se sintam crianças?

Essas dúvidas me surpreendiam, porque elas eram muito diferentes das que eu vivenciava na minha prática pedagógica alfabetizadora. Assim sendo, direcionei meus estudos de mestrado e de doutorado na busca da compreensão dos aspectos inerentes à formação de professores alfabetizadores e das dúvidas mais frequentes que me eram colocadas.

Durante as pesquisas deparei com uma palavra desconhecida: "serendipidade" (Morin, 2000, p. 21), que é a arte de transformar detalhes aparentemente insignificantes em indícios que permitam reconstituir toda uma história. Em resumo, a palavra encaminha para a importância de prestar atenção ao que geralmente não priorizamos, que consideramos "detalhe", pois este tem potencial determinante na qualidade das ações.

Pensei então: no caso do ensino e da aprendizagem da leitura e da escrita, quais seriam os detalhes que poderiam estar sendo considerados insignificantes, mas que talvez contribuíssem positivamente para a compreensão de como os sujeitos aprendem e como é possível ensiná-los? A que indícios eu deveria atentar, a fim de poder contribuir para compreender como acontecem os processos de ensino e de aprendizagem da leitura e da escrita?

Como uma das conclusões inconclusas da tese, emergiu a identificação de alguns "detalhes" que precisam ser considerados em diferentes situações de ensino e de aprendizagem e planejados na prática pedagógica do professor-alfabetizador. Esses "detalhes" estáveis, aos quais é necessário atentar em qualquer prática docente e que independem das características subjetivas inerentes a cada grupo, denominei *invariantes didáticos*.

Ao longo desta pesquisa, surgiram novas dúvidas, vindas de outros professores alfabetizadores, que procuram ser respondidas neste livro, como:

a) Por que alguns alunos aprendem em um ano letivo, e outros não?

b) Como iniciar o processo de alfabetização? O que fazer primeiro?

c) Como posso fazê-los avançar das hipóteses com as quais chegaram aqui sobre a escrita e a leitura e ir além?

d) Como posso criar um clima motivacional propício ao ensino e à aprendizagem na minha sala de aula?

Essas perguntas indicam que os professores reconhecem a importância do clima motivacional propício na sala de aula para a qualidade dos processos de ensino e de aprendizagem.

A motivação é o motor da ação humana. Sempre estamos motivados para alguma coisa. Desmotivação não existe. O que ocorre é que, muitas vezes, os sujeitos *não são* movidos pelos mesmos motivos, com o mesmo envolvimento, nem para a mesma direção. Para que isso aconteça, no contexto da sala de aula, é necessário que professores e alunos percebam que estão ali, naquele lugar, com um objetivo comum: ensinar e aprender a ler e a escrever. Além disso, a meta precisa ser relembrada e (re)construída na ação, no dia a dia.

Nesse sentido, a maneira como o professor planeja as aulas e as desenvolve pode contribuir para a criação (ou não) de um clima motivacional propício para a aprendizagem.

Por consequência, se desejamos motivar adequadamente os sujeitos, precisamos saber de que maneira nossos padrões de atuação podem contribuir para a criação de ambientes favoráveis à aprendizagem.

Para tanto, é preciso nos dedicar a pensar, específica e detalhadamente, em quais intervenções didáticas podem ser planejadas, sendo que estas precisam contribuir para que todos os alunos aprendam a ler e a escrever. Quais seriam, então, os pequenos detalhes – a serendipidade – constituintes da ação docente alfabetizadora que deseja ensinar e aprender com todos os alunos?

Para atender ao questionamento precisei antes explicitar de que lugar estou escrevendo, pois a essência do que sou enquanto professora alfabetizadora, os ideais que sustentam minha ação docente, têm a ver com o embasamento teórico que vou tecendo ao longo da vida. São decorrentes de idas e vindas entre prática, observação, reflexão crítica e teorização, pois não há prática sem teoria.

O livro, então:

a) contextualiza, brevemente, a historicidade do ensino e da aprendizagem da leitura e da escrita no Brasil;
b) apresenta as alternativas de concepções teóricas que embasam a prática alfabetizadora;
c) reflete de forma crítica sobre detalhes inerentes aos alunos e aos professores na alfabetização de alunos em geral e, mais especificamente, de jovens e adultos.

Atendidas essas demandas básicas, descrevi em detalhes os invariantes didáticos e os diferentes momentos de cada aula.

Finalizei, provisoriamente, ciente de que o conhecimento nunca está acabado, com um itinerário possível para a alfabetização como sugestão de trabalho.

Como afirma Morin, todo conhecimento é tradução e reconstrução dependente/autônoma do conhecimento prévio de cada aprendiz. Apresento então a minha tradução, a minha interpretação e a minha reconstrução para uma alternativa de ensinar e aprender a ler e escrever com todos os alunos.

Isso fiz para poder compartilhar, debater e provocar pensamentos, pois acredito que a escola precisa ser comprometida e responsável por oferecer a melhor oferta pedagógica, garantindo ensino, aprendizagem e permanência para todos, em qualquer idade.

2
Conceito de alfabetização

> No futuro, as forças culturais vão seguir definindo as formas e funções da alfabetização e a natureza específica do seu ensino (LEU; KINZER, 2000, p. 111).

O conceito de alfabetização tem-se modificado ao longo do tempo e, em consequência, vem sendo avaliado e definido de vários modos. Com base nos diversos censos demográficos realizados no Brasil podem-se perceber alguns aspectos dessas alterações.

Até 1940, eram consideradas alfabetizadas as pessoas que declaravam saber ler e escrever e que assinavam seu nome para comprová-lo. A partir dos anos de 1950 e até o último censo, realizado em 2000, os instrumentos de avaliação foram alterados e passaram a considerar alfabetizados os que se declaravam serem capazes de ler e escrever um texto simples.

Isso mudou o enfoque inicial dado ao conceito, que agora passou a considerar o uso contextualizado da leitura e da escrita em um tipo específico de texto.

No sentido etimológico, alfabetizar significa "levar à aquisição do alfabeto", o que deixa o termo reduzido a uma estratégia mecânica, articulada com a habilidade de codificar e decodificar grafemas e fonemas.

O conceito de "alfabetizado", porém, permite múltiplas interpretações, pois, enquanto para alguns, ser alfabetizado significa dar conta da leitura de um pequeno texto, seja de um bilhete, seja de um nome de rua; para outros é fundamental a inserção na cultura escrita e nos usos que dela se fazem.

Para alguns teóricos, entre eles Freire (1998), o termo está associado à leitura do mundo, já que linguagem e realidade estão entrelaçadas, pois a compreensão do texto demanda a percepção das relações existentes entre o escrito e o contexto. Sendo assim, é possível compreender por que "apenas" a habilidade de codificar e decodificar um sistema arbitrário não é suficiente para atender a complexidade do conceito de alfabetizado.

O conceito de alfabetização se refere à habilidade de ler e escrever. Ler é ser capaz de se descentrar de suas ideias e seus pensamentos para acompanhar, compreender, analisar, julgar o pensamento do outro, buscar o significado por trás das palavras, ler também as entrelinhas (Moreira, 1993).

Escrever, produzir um texto, é ser capaz de utilizar o instrumento da escrita para representar pensamentos, comunicá-los, perpetuá-los, defendê-los, compartilhá-los.

Escrever e ler são ações que o sujeito desenvolve sobre a linguagem escrita. Ao escrever, primeiramente o autor se volta para o próprio pensamento, organizando-o mentalmente, sistematizando-o. Para concretizar a função da escrita, o pensamento tem que sair, ir para fora do sujeito. Isso não significa que o pensamento sempre precede a escrita – enquanto escrevemos, pensamos. Por isso, a escrita é muito mais do que a representação gráfica de um código.

Ela está presente em inúmeros campos, desde a preservação de documentos e da memória coletiva, na circulação permanente de informação, no acúmulo, na conservação e partilha de conhecimento, favorecendo o intercâmbio e a interação.

A aprendizagem de ambos os processos – ler e escrever – acontece ao longo da vida, não tendo idade determinada. Trata-se de mover-se em direção a um objetivo que não é fixo, que se move, modifica, amplia-se indefinidamente.

De fato – e precisamente devido às precárias condições econômicas, sociais e educativas oferecidas a amplos setores da população –, os sistemas educacionais precisam assumir a aprendizagem ao longo de toda a vida como o atendimento de uma necessidade de uma realidade existente. "O conhecimento tem que ser tal que o sujeito se transforme e com isso seja capaz de transformar a realidade. Esta é a educação que interessa: formar novos mestres, e não eternos discípulos [...]" (Vasconcellos, 1994, p. 34).

Outro aspecto referente ao conceito de alfabetização a ser considerado é que, a partir das últimas décadas, percebeu-se também que mesmo nos países desenvolvidos, nos quais os índices de analfabetismo estavam praticamente zerados, alunos que concluíam o Ensino Básico não pareciam estar adequadamente habilitados a fazer uso de práticas de leitura e escrita demandadas no dia a dia. Esse fato atesta que o domínio do código escrito não garante que o sujeito tenha competência de ler, produzir e compreender diferentes tipos de textos.

Importante destacar ainda que apenas o convívio com textos que circulam na sociedade tampouco assegura que os sujeitos se apropriem da escrita alfabética, uma vez que essa aprendizagem requer reflexão planejada e intencional sobre as características dos diferentes portadores de textos.

Visando, então, padronizar os conceitos relacionados a esse fenômeno, a Unesco utilizou o termo alfabetismo funcional, definindo, dessa forma, a capacidade de utilizar a leitura e a escrita para fazer frente às demandas do contexto social, empregando essas habilidades para modificar qualitativamente a vida e para continuar aprendendo. O Inaf[2] (Indicador de Alfabetismo Funcional) avalia quatro habilidades funcionais na alfabetização de sujeitos entre 15 e 64 anos, sendo elas denominadas localização, integração, elaboração e avaliação, detalhando as habilidades correspondentes em cinco níveis:

1) Analfabetos – sujeitos que não conseguem realizar tarefas simples que envolvem a leitura de palavras e frases, ainda que uma parcela deles consiga ler números familiares (8%).

2) Rudimentar – localizam informações explícitas, expressas de forma literal, em textos compostos essencialmente de sentenças ou palavras que exploram situações familiares do cotidiano (22%).

3) Elementar – habilitados a selecionar, em textos de extensão média, uma ou mais unidades de informação, observando certas condições e realizando pequenas inferências. Também resolvem problemas envolvendo operações básicas com números

---

2. Desenvolvido em parceria entre o Instituto Paulo Montenegro e a ONG Ação Educativa, o Inaf apura, anualmente, os níveis de analfabetismo funcional da população brasileira entre 15 e 64 anos de idade, englobando residentes de zonas urbanas e rurais de todas as regiões do Brasil (HABILIDADES..., 20??).

da ordem do milhar, que exigem certo grau de planejamento e controle (34%).

4) Intermediário – indivíduos capazes de localizar informação expressa de forma literal em textos diversos (jornalístico e/ou científico), realizando pequenas inferências (25%).

5) Proficiente – no topo da escala de alfabetismo funcional, elaboram textos de maior complexidade (mensagem, descrição, exposição ou argumentação) com base em elementos de um contexto dado e opinam sobre o posicionamento ou estilo do autor do texto (12%).

Seguindo recomendações da Unesco, a partir da década de 1990, o IBGE passou a divulgar também índices do alfabetismo funcional, utilizando como critério o número de séries concluídas, e não apenas a autoavaliação dos respondentes, como antes.

Nesse tipo de censo, são computadas como analfabetas funcionais as pessoas com menos de quatro anos de escolaridade.

É possível, então, perceber que, embora não exista consenso específico sobre o conceito de alfabetização, a maioria das definições encaminha para a noção de que o sujeito competentemente alfabetizado está habilitado a produzir, ler e compreender diferentes tipos de textos que desejar e/ou necessitar. Como fazer parte desse processo provisório/contínuo/inacabado de ensinar/aprender a ler e escrever é o que vamos aprofundar ao longo deste livro.

3
O contexto da alfabetização no Brasil

A população brasileira é de, aproximadamente, 211 milhões de pessoas. Embora a educação seja o fator que mais contribui para determinar o nível de alfabetismo de um indivíduo, ela não é o único, pois sujeitos com escolaridade semelhante apresentam níveis diferentes de alfabetismo.

Análises inéditas realizadas a partir da base de dados do Inaf mostram que alguns dos fatores que explicam essas diferenças estão presentes já desde a infância: a escolaridade dos pais e suas habilidades de leitura têm um papel importante nos usos sociais da escrita e na compreensão dos adultos brasileiros.

Outro instrumento avaliativo, o Pisa, desenvolvido e coordenado pela OCDE (Organização para Cooperação e Desenvolvimento Econômico), em 2003 (PISA, 2020) testou jovens de quinze anos oriundos de quarenta países: o Brasil ficou em último lugar em Matemática, em penúltimo em Ciências e em 37º em Leitura.

Os resultados dos alunos brasileiros no Pisa em 2003 mostraram poucas diferenças em relação aos que foram obtidos em 2000. Em Leitura e Ciências, houve ligeira melhora de desempenho[3].

---

3. Disponível em: https://download.inep.gov.br/download/internacional/pisa/result_pisa 2003_resum_tec.pdf

Outro fato importante a considerar é que mais de um terço (35%) dos analfabetos brasileiros com mais de quinze anos já frequentou alguma vez a escola. Esse dado foi obtido de um cruzamento realizado por técnicos do Inep (Instituto Nacional de Estudos e Pesquisas Educacionais Anísio Teixeira) em 2001, a partir de índices da Pnad (Pesquisa Nacional por Amostra de Domicílio) de 2001, do IBGE, fornecido pelo censo realizado em 2000.

Ao cruzarem os dados, os técnicos do Inep descobriram que, em 74% dos casos, os analfabetos tinham frequentado a escola e haviam completado pelo menos um ano de estudo. Isso significa que chegaram ao menos ao final da primeira série e não aprenderam a ler e a escrever.

Além desses índices, a análise dos dados fornecidos pelo IBGE/Pnad, pela Síntese de Indicadores Sociais/2002 (IBGE, 2001) e pelo Inaf (2005) permite constatar que a desigualdade em que se encontram os cidadãos brasileiros tem sido determinada, principalmente, pela renda, pela cor, pelo trabalho e pela educação.

O IBGE também destaca que, nos últimos anos, a crise do desemprego que perpassa a sociedade e atinge mais fortemente a força de trabalho jovem reforça a necessidade de qualificação (educação) em busca de uma colocação no mercado de trabalho.

Todos esses dados transportados para as condições gerais dessa população se expressam numa baixa qualidade de vida, pois ser analfabeto e/ou excluído da escolaridade básica gera uma série de privações concretas e simbólicas que se evidenciam desde as exigências do trabalho até as práticas sociais cotidianas.

Segundo o IBGE, o Inaf e a Prova Brasil (2006), em todos os níveis da escolaridade percebem-se problemas relacionados ao processo de alfabetização. Apesar dos consideráveis avanços verificados nas últimas décadas em relação à oferta de vagas, a escola que atende a maioria da população não tem evidenciado competência suficiente para assegurar a permanência dos alunos e nem para mediar a construção do conhecimento da leitura e da escrita dos sujeitos que a ela recorrem (Prova Brasil, 2006; Saeb/Inep, 1999).

De acordo com o Instituto Paulo Montenegro (2009), por meio do Inaf, chama a atenção o fato de 54% dos brasileiros que estudaram até a 4ª série atingirem, no máximo, o grau rudimentar de alfabetismo. Mais grave ainda é o fato de que 10% destes podem ser considerados analfabetos absolutos, apesar de terem cursado de um a quatro anos do Ensino Fundamental.

Em relação ao domínio da linguagem, aproximadamente 55% dos alunos da 4ª série do Ensino Fundamental apresentam inúmeras deficiências de leitura e interpretação de textos simples, o que os coloca ou em estágios críticos ou muito críticos da aprendizagem. Entre as pessoas consideradas alfabetizadas, de 15 a 64 anos de idade, 30% são capazes de entender somente informações em enunciados simples. Já 35% estão preparadas para ler e entender textos curtos; e somente 26% da população, considerada alfabetizada, está habilitada a ler, explicar, compreender e produzir diferentes tipos de textos[4].

Os resultados da Prova Brasil (2006) confirmaram que o ensino público não tem alcançado seu objetivo mais elementar, ou seja, o de oportunizar que os sujeitos aprendam a ler, a escrever e a contar. Também revelou que mais de 50% dos indivíduos que frequentam a 4ª série mal deciframtextos simples[5]. A Prova Brasil

---

4. Disponível em www.acaoeducativa.org.br/downloads/inaf05.pdf
5. Disponível em http://www.edudatabrasil.inep.gov.br/

é um exame aplicado a 3,3 milhões de alunos da 4ª e 8ª séries, em 41 mil escolas, em 5.418 municípios.

O atraso escolar é outro problema: alunos na idade adequada tiveram média de vinte pontos superior aos com atraso na escolaridade. Ocorre que 64% dos que têm quatorze anos e deveriam estar concluindo o Ensino Fundamental estão atrasados. Aliás, segundo o IBGE (2006), 18,7% dos filhos de famílias com renda *per capita* inferior a meio salário já chegam atrasados à primeira série. Esses são também os que mais abandonam a escola (14,2%) e os que mais são reprovados (36,2%). Entre os que vivem em famílias com renda *per capita* superior a dois salários, a taxa de atrasados na escolaridade diminui para 9,3%. Já em relação à Educação de Jovens e Adultos (EJA), o grande problema está também no alto índice de evasão dos alunos. São 50%, segundo pesquisa realizada pelo Banco Mundial, os que evadem, especialmente dentre os que estão na fase da alfabetização.

Atualmente, 97% dos brasileiros em idade escolar considerada regular estão matriculados na escola. Isso pode ser visto como algo extremamente positivo, porém é desanimador saber que, desse total, menos de 70% chegarão ao 9º ano. Esse contexto descrito encaminha a percepção de que, dos três objetivos que devem nortear a educação – *acesso, permanência* e *aprendizagem* –, apenas o primeiro está em vias de ser alcançado.

Enquanto o Ensino Fundamental está se universalizando, sujeitos com menos recursos vão à escola e enfrentam desafios para aprender, por conta tanto de condições de vida mais precárias quanto da vivência em um ambiente alfabetizador mais empobrecido.

3 – O contexto da alfabetização no Brasil

Esforços pontuais dos sistemas de ensino serão necessários para que a ampliação do acesso se concretize também na qualificação da aprendizagem.

O investimento prioritário na educação básica, incluindo a maioria das crianças na escola, tinha por pressuposto estancar também a "produção" de analfabetos jovens e adultos. Percebe-se, no entanto, por todos os índices apresentados, que isso não está ocorrendo. É preciso olhar esses números refletindo criticamente sobre o que representam, procurando alternativas para melhorá-los.

Pelas estatísticas apresentadas, é possível pressupor-se ainda que metade dos alunos que entram na escola tenha repetido uma série já no segundo ano de ensino. Isso é altamente preocupante tanto pelo efeito que a repetência tem na autoestima dos alunos quanto pelo custo gerado.

O mais inquietante, entretanto, é o questionamento da qualidade de um sistema de ensino que reprova a metade de seus alunos justo na fase em que se constrói o conhecimento mais básico – o de ler e escrever –, tornando eliminatório um período que é meramente um rito de passagem nos outros países.

A crise na educação brasileira é antiga e seus principais motivos são desde equívocos nas políticas governamentais voltadas à educação, passando pela negligência em relação ao Ensino Fundamental, até o descuido com a qualidade do ensino oferecido. As consequências desse conjunto de problemas podem ser resumidas numa afirmação: os estudantes brasileiros concluem os oito anos do Ensino Fundamental e os três do Ensino Médio lendo sofrivelmente e sem o domínio da linguagem matemática básica (Prova Brasil, 2006; Inaf, 2005).

Em reportagem publicada na *Veja* em 30 de setembro de 2009, Martin Carnoy, doutor em Economia pela Universidade de Chicago e professor na Universidade Stanford, nos Estados Unidos, onde comanda um centro voltado para pesquisas sobre educação, apresentou as conclusões parciais de um estudo realizado no Brasil, cujo propósito era entender, sob o ponto de vista do que se passa nas salas de aula, algumas das razões para o mau ensino brasileiro.

Carnoy assistiu a aulas e filmou-as, sistematicamente, em dez escolas públicas do país. Também conversou com professores, diretores e governantes. Após analisar as informações coletadas, concluiu que as escolas brasileiras – públicas e particulares – não oferecem grandes desafios intelectuais aos estudantes. Em vez disso, não é raro que os alunos passem até uma hora copiando do quadro de giz algum texto ou exercício.

Ao cronometrar o tempo de aula articulando com o objetivo do encontro, percebeu a predominância do improviso por parte dos professores, os minutos preciosos que se esvaem com a indisciplina e a absurda quantidade de trabalhos em grupo, que utilizam algo como 30% das aulas, sendo desenvolvidos de modo inadequado. O estudo concluiu também que o nível geral dos professores é muito baixo (Carnoy, 2009).

Uma das hipóteses para que isso ocorra pode ser encontrada nos dados revelados por uma pesquisa da Fundação Carlos Chagas (2008): apenas 20,7% das disciplinas obrigatórias dos cursos de Pedagogia tratam de práticas de ensino, didáticas específicas e metodologia. O que acaba acontecendo é a difusão da ideia de que todo professor deve ser um bom teórico, tornando-os defensores de teorias sem saber sequer se funcionam na vida real e simplificando demais linhas de pensamento de natureza complexa. Nas escolas, elas costumam se transformar apenas numa caricatura do que realmente são (Carnoy, 2009).

Especificamente em relação à alfabetização de jovens e adultos, esta tem sido desatendida pelas agências nacionais e internacionais para a educação nas duas últimas décadas.

As metas para a Educação de Todos realizadas em Jomtien, 1990, e em Dakar, 2000, acabaram centrando-se nas crianças e na educação escolar básica. As metas do milênio para o desenvolvimento (2000-2025) nem se ocuparam dos adultos e suas necessidades de aprendizagem (Torres, 2006).

O Banco Mundial também já havia, anteriormente, recomendado aos governos dos países em desenvolvimento o não investimento em alfabetização e em educação de adultos, com base em dois argumentos:

a) a necessidade de priorizar a infância em função da escassez de recursos;

b) a ineficácia atribuída aos programas de alfabetização de adultos.

Nenhum desses argumentos, contudo, parece ser válido, pois os economistas esqueceram que a educação de crianças e a de adultos estão intimamente relacionadas. Como o objetivo a ser alcançado é assegurar acesso universal à cultura escrita, a famílias letradas, a comunidades letradas, a sociedades letradas, para isso seria necessário que:

a) a alfabetização fosse colocada no centro dos esforços e das reformas escolares;

b) a alfabetização universal para os jovens e adultos fosse realizada não apenas por meio de programas específicos para adultos, mas também como parte de esforços educativos dirigidos à família e à comunidade;

c) o ambiente sempre estimulasse a leitura e a escrita, incorporando e articulando todas as instituições, todos os meios de comunicação e todas as tecnologias disponíveis;
d) a luta contra a pobreza fosse realizada de modo estrutural, introduzindo mudanças profundas no modelo político, econômico e social, pois não se pode lutar contra o analfabetismo sem lutar contra a pobreza e sem assegurar o atendimento das necessidades básicas da população (Torres, 2006).

Embora já se possam perceber algumas mudanças nos discursos acadêmicos e oficiais sobre alfabetização, evidenciando apoiadores de diferentes correntes teóricas, na prática os índices elevados de não aprendizagem e evasão nessa modalidade de ensino ainda permanecem.

A responsabilidade pelos resultados recai, por isso, muitas vezes, sobre o professor, que continua reproduzindo ações, concepções e atitudes sem demonstrar compreensão das evidentes mudanças necessárias para a prática pedagógica que as novas e crescentes demandas da linguagem escrita requerem.

4
Alfabetização de jovens e adultos: contribuições teóricas

> O processo de construção da escrita é muito mais complexo do que supunham os educadores que ingenuamente insistiam em ensinar abecedários, as famílias silábicas e a associação de letras para a composição de palavras, sentenças e textos. A capacidade de ler e escrever não depende exclusivamente da habilidade do sujeito em "somar pedaços de escrita", mas, antes disso, de compreender como funciona a estrutura da língua e o modo como é usada em nossa sociedade (Collelo, 2004, p. 27).

Essa é uma perspectiva geralmente diferente da vivida pela maioria dos professores que trabalham com alfabetização. Supõe a compreensão de que os conceitos de aprendizagem e de ensino mudaram desde a época em que os professores foram "alfabetizados", bem como as diferentes demandas sociais que a escrita busca atender, mudou o mundo, a vida, a realidade.

Ferreiro e Teberosky (1985) desenvolveram estudos fundamentados na psicogenética de Piaget e na psicolinguística contemporânea que buscavam compreender a natureza dos processos de aprendizagem da língua escrita. A pesquisa partiu de alguns pressupostos.

a) a escrita é um sistema de reprodução fonética da língua;
b) ler não é decifrar, escrever não é copiar;
c) o sujeito é ativo, produz pensamentos sobre o que ouve, vê no mundo;
d) o conhecimento precisa ser reconstruído pelo sujeito aprendiz;
e) no processo de reconstrução, ocorrem desvios, que se caracterizam como erros construtivos.

O estudo da psicogênese da língua escrita visava identificar as hipóteses elaboradas pelos alfabetizandos para a reconstrução da escrita. Estratégias didáticas de alfabetização anteriores a esse estudo consideravam a escrita como a reprodução de um código. A psicogênese afirma que a escrita é a representação da fala. Esta articulação – escrita-fala – precisa ser compreendida pelo aprendiz, e não memorizada como se fosse um código, como o morse, por exemplo, no qual o sujeito precisa memorizar o funcionamento para poder operar.

Ferreiro e Teberosky identificaram três períodos diferentes para o processo de reconstrução do sistema de escrita:

1) No período inicial, o sujeito busca diferenças entre as marcas/símbolos icônicos e os não icônicos (imagens, letras, números). A hipótese dos aprendizes é voltada para "com o que se escreve";

2) No segundo período, o pensamento se direciona para aspectos quantitativos relacionados com outras características, como quantos símbolos e/ou letras são necessários e em que modo de organização;

3) O terceiro período caracteriza-se pela fonetização da escrita, que é a fase da compreensão das articulações entre a fala e a escrita.

No que se refere especificamente à alfabetização de jovens e adultos, Emília Ferreiro e sua equipe realizaram, em 1983, uma pesquisa com adultos não alfabetizados que partiu do seguinte problema: qual é o conhecimento que os adultos analfabetos têm do sistema de escrita?

Pela pergunta que desencadeou o estudo, é possível perceber que os pesquisadores *não partiram* de uma visão tradicional e simplista, compartilhada por muitos professores, de que os analfabetos nada sabem sobre ler e escrever, considerando que "entre o não saber e o saber há intermediários" (Ferreiro *et al.*, 1983, p. 1), ou então que as pessoas não passam ilesas pela experiência de viver em uma cultura escrita, sem elaborar hipóteses sobre ela.

Essa pesquisa e outros estudos realizados pela mesma equipe mostraram que há semelhanças entre o pensamento do adulto e da criança não alfabetizados do ponto de vista cognitivo, que a psicogênese da língua escrita ocorre de modo muito semelhante: "os adultos utilizam [...] os níveis conceituais das crianças, o que reforça o caráter construtivo do processo de apropriação da língua escrita [...]" (Ferreiro *et al.*, 1983, p. 2).

Os níveis evolutivos que os alfabetizandos jovens e adultos apresentam sinalizam para a passagem de diferentes modos de organização conceitual e para o fato de que estes pensam e interagem com o objeto do conhecimento. Essas concepções e pensamentos têm um caráter geral e foram percebidos em alfabetizandos que interagem com diferentes sistemas de escrita: silábicos (hebraico), alfabéticos (latinos), em sistemas educativos diferentes e com condições socioculturais distintas.

Essas conclusões da pesquisa originaram algumas práticas inadequadas. Alguns professores:

    a) confundiram a pesquisa com um método de ensino (muitas pessoas ainda falam sobre o *método* Emília Ferreiro);

    b) pensaram que a passagem dos níveis fosse linear e que todos os alunos precisariam passar por todos os níveis. Alguns professores, inadequadamente, ensinavam aos alunos como escrever silabicamente;

    c) simplificaram a atuação do professor, acreditando que o aluno passaria de um nível de conceituação a outro sozinho, e que não deveria corrigir.

Essas práticas equivocadas estão sendo citadas porque muitas descobertas importantes são abandonadas por terem sido equivocadamente colocadas em prática. Muitos professores alfabetizadores, que não conseguem ensinar e aprender com todos os alunos e continuam utilizando métodos reconhecidamente ultrapassados, quando questionados se conhecem os achados dessa pesquisa, afirmam que tentaram trabalhar com esse "método" e que também não funcionou.

Entretanto, é importante destacar que as conclusões da psicogênese da língua escrita não apontam para um método de ensino. Elas encaminharam para o questionamento de ideias e ações consideradas na prática docente alfabetizadora tradicional, tais como a de que os alunos chegam à escola sem saber nada sobre a escrita, sem nunca ter pensado o que é e como se usa.

A psicogênese mostrou que não é o que acontece, porque todos os sujeitos que vivem na cultura escrita pensam e constroem hipóteses sobre ela. Outra ideia equivocada é a de apresentar, repetir e fazer os alunos memorizarem letras e sílabas até formar as palavras. Essa ordem tem uma lógica que considera partir do fácil para o difícil. Do menor para o maior.

No entanto, com a psicogênese, percebeu-se que, em uma das hipóteses correspondente ao nível pré-silábico, os sujeitos pensam que para algo ser "de ler" são necessárias, no mínimo, três letras. Portanto, ao apresentar letra por letra, o professor estaria mostrando algo que iria contra a hipótese já elaborada por muitos.

Também é um engano conceitual importante a questão do erro e a impossibilidade de corrigi-lo. A concepção do erro como demonstração de fraqueza ou de algo feio deve ser evitada, embora tenha perpassado gerações e gerações no senso comum. A partir do momento em que se admitiu que o conhecimento não é algo acabado, que sempre se pode aprender, que cada um é eternamente incompleto, essa concepção de erro ficou teoricamente ultrapassada.

Acontece que muitas vezes o discurso acadêmico se direciona para um lado, mas o sentimento pessoal não refletido criticamente acontece de outro modo. Sabemos que não somos completos, que não sabemos tudo, mas que imensa dificuldade a maioria de nós tem de reconhecer isso! Por ter essa dificuldade, pensa que se apontar, sinalizar o erro do outro, este também não vai gostar de ouvir.

Tais equívocos indicam que compreender o processo de evolução dos sujeitos rumo à aprendizagem não é simples nem para educandos, nem para os alfabetizadores. Considerar que o sujeito é ativo na reconstrução dos seus conhecimentos demanda do professor:

a) sustentação teórica consistente e atualizada;
b) clareza de concepções sobre como se ensina e como se aprende;
c) desenvolvimento de estratégias e atitudes coerentes com essas concepções em sua prática pedagógica.

Para o aprendiz, solicita aceitação de representações sociais diferentes das que esperava:

a) a atitude do professor será diferente;
b) a estrutura das aulas também será, pois precisará contar com:

1) participação ativa;
2) interações com o grupo;
3) superação dos medos;
4) percepção de que está aprendendo.

Muitos professores-alfabetizadores de jovens e adultos lamentam porque não conseguem ensinar seus alunos a ler e a escrever, e se perguntam:

a) Por que não aprendem com esse método e nesses pressupostos teóricos, se eu aprendi dessa forma?
b) Por que os alunos ficam desmotivados?
c) Por que os alunos abandonam a escola, se precisam desse conhecimento para poderem ser inseridos na cultura escrita de modo crítico e atuante?

Os motivos são, dentre outros, que as solicitações da cultura escrita, quando esses professores aprenderam a ler e a escrever, eram muito diferentes das de hoje, mas estavam coerentes com o mundo da época, na qual as funções sociais da escrita eram mais restritas, e a informação, por outros meios que não a escola, era também muito menos acessível.

Quando os professores aprenderam a ler, nem todos tinham acesso a escolas, aprender era (e ainda parece ser) considerado sinônimo de copiar, memorizar e reproduzir informações transmitidas pelo professor, sem passar por nenhum processo de pensamento ativo do aluno. As metodologias utilizadas para alfabetizar, quando a maioria desses professores foi alfabetizada, tinham como base a epistemologia empirista que podia ser classificada, conforme os métodos, em sintética e analítica. A sintética iniciava pela letra, pelo fonema ou pela sílaba, e a analítica partia da palavra, da oração ou do conto.

Naquela concepção empirista de ensino e de aprendizagem utilizava-se basicamente a cartilha que apresentava as letras e as palavras e partia do que parecia ser fácil para o difícil e do simples para o complexo, na suposição de assim facilitar o aprendizado da leitura e da escrita.

Esses são métodos descontextualizados e ultrapassadas teoricamente. As teorias sobre a aprendizagem humana comprovam que há necessidade da participação ativa do aprendiz no processo. Atualmente, os portadores de texto, isto é, as tipologias textuais, são muito diversificadas, e sua compreensão exige capacidade de pensamento com outros enfoques.

Segundo Ferreiro e Teberosky (1985), o método como ação específica do meio pode ajudar ou frear, facilitar ou dificultar a aprendizagem, mas não a produzir. O que conta é a interação promovida por meio dele com o objeto de estudo.

No caso da aprendizagem específica da leitura e da escrita, alguns teóricos afirmam que primeiro é preciso aprender a codificar e decodificar (Soares, 2001; Cagliari, 1998), para depois aprender a produzir e compreender. Outros acreditam que, para aprender a ler ou produzir e compreender qualquer tipo de texto que desejar e/ou necessitar, é preciso interagir com a escrita, pensar esse objeto de estudo como um todo, contextualizado nos diferentes portadores de texto (Ferreiro; Teberosky, 1985).

Durante muitos anos, a escrita foi concebida como um código de transcrição que convertia as unidades sonoras em unidades gráficas, reduzindo a linguagem a uma série de sons dissociados do significado. Coerente com aquela concepção, os alunos precisavam seguir os seguintes passos:

a) estabelecer uma correspondência pontual entre letra e som;
b) combinar letras, formando palavras e frases.

Aprendia-se, assim, a codificar e decodificar o código para só depois tentar compreendê-lo e, quem sabe, usá-lo.

Assim sendo, quando o professor perceber a escrita como a representação de um código e quando agir de acordo com esse pensamento, ele vai enfatizar o ensino e a aprendizagem desse código, fragmentando-o.

A maioria dos que assim pensam desenvolve sua prática apresentando o alfabeto ao aluno, letra por letra, montando sílabas simples (ba-be-bi-bo-bu), explicitando oralmente, pedindo que os alunos repitam, sugerindo cópias sistemáticas do quadro.

Coerente, portanto, com a concepção de escrita como um código arbitrário, as principais estratégias de ensino desse professor serão a cópia, a repetição, a memorização das palavras consideradas fáceis, a elaboração de frases com essas palavras. O objetivo aqui será fazer com que o aluno aprenda o funcionamento do código.

Nessa concepção, são considerados conteúdos da alfabetização as letras e as sílabas, as palavras, as frases e, se possível, os textos curtos e simples.

Em uma percepção mais complexa, a escrita é concebida não como a representação de um código, mas como representação da linguagem, pois a língua escrita não é simplesmente uma combinação de letras, e sim um modo de comunicar significados.

Nessa ótica, o professor-alfabetizador compreende que a linguagem é uma reconstrução histórica, com mudanças inerentes nos seus usos, tipos, significados e funções. Percebe a articulação existente entre linguagem e realidade, e compreende que o texto não é uma ação natural, mas demanda compreensão das relações existentes entre o texto, o contexto e a realidade.

Esses conhecimentos fazem com que o professor perceba a impossibilidade de repetir com seus alunos o mesmo processo de alfabetização que ele vivenciou para aprender a ler e a escrever. E, agora, sabendo que a escrita é um sistema de representação da linguagem, servindo, dentre outros usos, para comunicar ideias e sentimentos, ele passa a ter a convicção de que o conteúdo básico da alfabetização precisa ser o texto, seus diferentes tipos e seus usos sociais. Ele tem a consciência de que "a comunicação por meio da linguagem escrita só se dá em textos" (Curto; Morillo; Teixidó, 2000, p. 186).

Hoje, entretanto, mesmo que o conhecimento científico esteja mostrando isso, o que tem se evidenciado é um distanciamento significativo entre os conteúdos escolares e a realidade vivida pelos alunos, sobretudo pelos das classes populares, porque os saberes que o aluno traz consigo ainda não estão sendo diagnosticados nem valorizados na escola.

O discurso da necessidade de se partir da realidade do aluno por vezes é transformado em algo sem consistência, contribuindo para uma estranha associação entre currículo para as classes populares e redução de conteúdos e "facilidades" na avaliação. Partir da realidade do aluno não significa que temas que não fazem parte da realidade material dos sujeitos não devam ser abordados, mas sim que sejam planejadas condições para promover reflexões críticas sobre esses conteúdos, oportunizando o conhecimento, a compreensão e o desenvolvimento de alternativas de soluções.

Dentro dessa outra forma de ver a alfabetização, portanto, a cópia de palavras e a produção de frases isoladas, descontextualizadas, que não têm encadeamento entre si, não podem contribuir para que o sujeito se aproprie da linguagem escrita como instrumento de expressão e comunicação de suas ideias, seus sentimentos, suas necessidades e suas descobertas.

Se os conteúdos selecionados para a alfabetização forem originados da necessidade de o sujeito conhecer-se a si mesmo e ao mundo, a proposta didática precisa:

a) ser coerente com essas ideias;

b) garantir a interação, a reflexão e a produção de pensamento sobre a escrita, seu uso e sua função social.

As convicções[6] sobre o que é ensino, aprendizagem e como os sujeitos aprendem são, por conseguinte, o norte para a prática docente.

E, por isso, o professor precisa refletir criticamente, a fim de ter clareza de quais teorias vai seguir para embasar a sua prática. Isso é importante, porque sempre há uma, mesmo que não se tenha a

---

6. Crenças, teorias, ideias, refletidas criticamente, originam convicções.

clareza de qual seja ela. Quando o professor se posiciona sobre a sua prática, ele também decide se o sujeito que irá formar será:

a) um copista;
b) um reprodutor de ideias;
c) um ser pensante e autônomo.

Isso não significa simplesmente reproduzir métodos e ações "conhecidas" e aceitas pelo senso comum, pois não se deve esquecer que "uma teoria não é o conhecimento, mas é ela que permite o conhecimento" (Morin, 1999, p. 35). Assim sendo, percebe-se a necessidade de as teorias serem ressignificadas, (re)interpretadas, reconstruídas e, finalmente, compreendidas.

Não se está defendendo aqui que cada professor deva interpretar e compreender as teorias e fazer como quiser, porque isso seria cair num tipo de espontaneísmo.

Significa, outrossim, que cada professor precisa, com base nos seus conhecimentos prévios, estabelecer relações que articulem as teorias com as produções dos alunos e as práticas que estão sendo implementadas.

Desse modo será possível compreender como os sujeitos aprendem significativamente e desenvolver estratégias de solução para os problemas de como ensinar/aprender com todos os alunos.

No entanto, de acordo com os resultados da pesquisa realizada em escolas municipais, estaduais e particulares em 2006[7], 98% dos professores trabalhavam com métodos tradicionais de alfabetização. Estavam fazendo da mesma maneira como foram alfabetizados, sem aparentemente considerar e nem tentar compreender e ressignificar as importantes descobertas científicas realizadas por Emília Ferreiro e Ana Teberosky no final dos anos de 1970.

---

7. Pesquisa realizada com as alunas na disciplina de Prática de Ensino.

Esses professores sequer estavam vendo as diferentes capacidades de pensamento exigidas para o desenvolvimento dessa competência. Questionamentos como:

a) Como motivar alunos que não estão a fim de fazer nada porque vêm cansados para a aula?
b) Por que os alunos demoram tanto para copiar?
c) E a letra cursiva, quando posso introduzir?

realizados contumazmente pelos professores-alfabetizadores de jovens e adultos trazem imbricadas concepções de como se ensina e como se aprende.

Refletindo sobre elas podemos pensar que, se as aulas forem prazerosas, o cansaço será deslocado para segundo plano.

Já o fato de centrar a aprendizagem na cópia indica uma concepção de ensino e de aprendizagem em que a repetição sem significado parece evidente e necessária. Essa concepção, por conseguinte, não considera indispensáveis a construção e a percepção do sentido e do significado das aprendizagens.

Além disso, as mudanças do mundo moderno acabaram por restringir muito o uso da letra cursiva, sendo o espaço escolar um dos seus últimos baluartes. "Qualquer proposta pedagógica que hierarquize um aspecto totalmente figurativo da escrita – como o tipo de letra – fará dos alunos excelentes copistas" (Torres; Ulrich, 1995) e nada mais. Os alfabetizadores precisam perceber que os portadores de texto que circulam na sociedade não utilizam esse tipo de letra, o que sinaliza sua não prioridade.

Merecem especial atenção ainda as respostas que os professores dão para a pergunta: "Por que alguns professores pensam que alguns alunos parecem aprender mais do que outros?"

Essas respostas são quase sempre as mesmas: "Os que aprendem mais têm um ritmo mais rápido, são mais inteligentes, têm o auxílio de outras pessoas, vivem num ambiente saudável, não têm fome, frio, têm mais motivação para aprender".

Já os que aprendem menos são justificados por não terem parte desses fatores ou nenhum deles. Raramente algum professor afirma que isso acontece porque "os professores não sabem ensinar aqueles alunos ou porque os professores estão desmotivados para querer ensiná-los".

Há pesquisas, no entanto (Sternberg, 1985, 1998; Almeida, 1992; Pozo, 1996; Geempa, 1998), que invalidam todos esses argumentos apontados pela maioria dos professores. Elas mostram que a inteligência é um processo que se desenvolve no ato de aprender. Afirmam que a fome, o frio, a falta de apoio e incentivo não impedem a aprendizagem, embora possam dificultá-la. O importante, entretanto, é a intervenção do professor. Se essa intervenção:

a) for ao encontro das hipóteses construídas pelo educando;
b) oportunizar a produção e a expressão do pensamento;
c) e se professores e alunos estiverem adequadamente motivados;

mesmo com fome e frio, todos podem aprender.

As descobertas científicas, no entanto, também não são consideradas quando o professor precisa explicar para os outros, e especialmente para si mesmo, por que os educandos não aprendem a ler e a escrever.

Parece "evidente" que alunos com esses tipos de problemas não aprendem, e as explicações para isso acabam se baseando no senso comum. Entretanto, quando acontece o inverso, ou seja, quando os alunos aprendem a ler e a escrever, ocorre aos professores buscar motivos externos aos inerentes à sala de aula para explicar seu êxito?

A aprendizagem da leitura e da escrita, ao habilitar o aprendiz a ler, a produzir, a explicar e a compreender qualquer tipo de texto de que necessitar ou que desejar, amplia as possibilidades de inclusão do sujeito e pode contribuir ainda para diminuir a desigualdade social.

Além disso, enquanto o sujeito constrói significados sobre a escola, seu funcionamento, as relações que nela se estabelecem, os conteúdos e a forma com que são trabalhados, o sujeito aluno e o sujeito professor vão construindo representações que podem ser percebidas como estimuladoras e desafiantes, ou inacessíveis e desprovidas de interesse e/ou significado.

Essas representações constituem-se e são constituídas no contexto do ensino e da aprendizagem e fazem parte do conjunto de recursividades necessárias para o clima motivacional adequado para ensinar e aprender.

O processo de aprendizagem, como já se disse, não é igual para todos os sujeitos, já que ninguém aprende de uma mesma forma, porque os conhecimentos prévios e os pontos de partida de cada um são diferentes. O modo como se aprende:

a) depende, por conseguinte, das características singulares de cada um;

b) varia de acordo com as motivações e interesses pessoais, que dependem das experiências vividas e das aprendizagens construídas.

Sendo assim é indispensável que o professor considere, além dos aspectos estáveis em relação aos processos de ensino e de aprendizagem, a diversidade existente em cada grupo.

Apesar de essa ser uma afirmação quase óbvia, na prática com frequência a diversidade é esquecida. O que é comum se observar são práticas que trazem implícitas uma tendência, chamada de homogênea, porque não parece considerar as diferenças individuais em relação ao conhecimento sobre a escrita.

Como, contudo, fazer frente aos desafios dessa diversidade?

É preciso reconhecer a característica una/diversa do ser humano (Morin, 1999). Embora cada sujeito seja uma singularidade, todos têm algumas características em comum, bem como os processos de ensino e de aprendizagem. A partir dessas características comuns é que o professor promoverá as situações de ensino e de aprendizagem. Essas características comuns serão neste livro denominadas (e detalhadas em outro capítulo) *invariantes didáticas*, analogia ao que Sacristán (1997) nomeou invariantes culturais[8].

Uma dessas características comuns se refere ao fato de que os sujeitos aprendem interagindo com o objeto e com os outros, elaborando e pondo em prova suas hipóteses, que representam aproximações sucessivas à natureza do conteúdo a aprender. Mesmo que nem todos estejam pensando nas mesmas hipóteses, ao interagirem e explicitarem suas ideias dentro de suas elaborações cognitivas sobre a língua promovem o pensamento um do outro, fazendo com que, pela confrontação de suas hipóteses, sejam construídos argumentos, defendam-se e ouçam-se os argumentos dos outros. Todas essas são aprendizagens importantes e complementares à aprendizagem da leitura e da escrita.

---

8. Em toda cultura existe o que os antropólogos chamam de invariantes culturais, dimensões que estão em diferentes culturas, mesmo que se expressem de modos diversos (Sacristán, 1997).

Quando o aluno não aprende, a responsabilidade é do sujeito ou da escola/professor? Tem-se tentado explicar a não aprendizagem de diferentes maneiras. Existe uma concepção individualista que define esse fato como problema individual, enfermidade, e leva a classificar os alunos, rotulando-os de diversas formas: deficientes mentais leves e todos os quadros caracterizados pelo prefixo "dis": dislexia, disortografia, discalculia, disgrafia etc.

Nesses casos, a "culpa" pela não aprendizagem é atribuída ao aprendiz. Hoje em dia, sabe-se que apenas uma pequena porcentagem dos estudantes corresponde efetivamente a alguma dessas tipologias que originam problemas de aprendizagem e geralmente estão associadas a causas neurológicas (Ortiz; Robino, 2006).

Outra perspectiva de compreensão do fenômeno da não aprendizagem está associada a causas sociais. Fala-se então de deficiências "socioculturais". Os sujeitos oriundos de lares pobres não teriam estímulo familiar para se incorporarem com êxito na estrutura escolar. Essas famílias não valorizariam o êxito escolar como objetivo importante a ser alcançado, e tal distância cultural da escola seria um obstáculo, considerado algumas vezes impossível de vencer, para a aprendizagem satisfatória. Essa concepção atribui à família os motivos da não aprendizagem.

Nas duas concepções existe, entretanto, uma omissão importante: não se questiona qual a responsabilidade da escola e a do professor. Mas, se os sujeitos aprendizes são considerados socialmente "diferentes", não seria responsabilidade da escola/professor aprender a conhecê-los, diagnosticar e utilizar seus saberes para construir outros, em vez de supor como deveriam ser e/ou como deveriam chegar à sala de aula para que as aprendizagens se efetivassem?

As estratégias de ensino utilizadas pelos professores alfabetizadores têm sido diversificadas tanto em relação às concepções quanto ao estilo pessoal de cada docente. Mas, apesar da divulgação das novas ideias, muitos professores continuam seguindo e desenvolvendo métodos ultrapassados. Isso acontece porque, como eles próprios nunca vivenciaram essas novas propostas, têm dificuldades em ser convencidos sobre a eficácia dos novos métodos[9].

Assim sendo, eles não conseguem perceber a necessidade de revisar a teoria que embasa suas práticas.

Muitos desses professores precisariam de uma ajuda para tentar fazer o novo, já que eles:

a) reconhecem que estão formando analfabetos funcionais;
b) percebem que o trabalho, como vem sendo realizado, não está surtindo o efeito desejado;
c) estão preocupados com sua formação permanente;
d) acompanham as descobertas sobre os processos de ensino e de aprendizagem;
e) percebem a necessidade de (re)significar sua prática pedagógica e de (re)ver concepções.

Não se trata, contudo, de colocar rótulos, de dizer que se é isto ou aquilo. Ou mesmo de dizer, como muitos professores dizem: "Faço um pouco de tudo, pois ninguém é totalmente alguma coisa [...]". Trata-se, sim, de compreender a teoria que embasa a prática, em busca da clareza necessária para desempenhá-la.

---

9. Não estou afirmando que o ensino e a aprendizagem da leitura e da escrita seja uma questão de método. Os métodos podem contribuir ou dificultar, mas o que faz a diferença é a intervenção docente ir ou não ao encontro dos saberes já construídos, do conhecimento prévio dos aprendizes, oportunizando que os sujeitos reconstruam (ou não) o conhecimento em questão.

Para elaborar uma proposta didática[10] de alfabetização para alunos jovens e adultos é necessário, portanto, que o professor não tenha medo de arriscar, de experimentar o novo, de continuar sendo um sonhador.

Em resumo, este livro está embasado nas seguintes concepções:

a) ensinar é criar condições que seduzam o sujeito a desejar modificar suas prioridades iniciais, os motivos que desencadearam sua chegada àquele espaço destinado ao ensino e à aprendizagem;

b) aprender é incorporar ao repertório individual e subjetivo de cada sujeito conhecimentos que serão mobilizados quando necessário e que contribuirão para modificar qualitativamente a vida dos (eternos) aprendizes. Só se para de aprender quando se morre;

c) alfabetização é o que torna a pessoa capaz de ler, produzir e compreender qualquer tipo de texto que desejar e/ou necessitar;

d) professor é o responsável por criar boas condições de aprendizagem, o que demanda estudo e formação permanente;

e) aluno é um ser pensante e autônomo, que precisa aprender a aprender e a se empenhar na vida e no mundo, buscando formas de ser feliz;

f) o mundo atual disponibiliza informação de diferentes modos, o que demanda a necessidade de promover a reconstrução de conhecimento, que é o uso que se faz dessa informação.

---

10. Proposta didática: conjunto de ações, planejadas e intencionais, cuja validade se percebe na eficiência em oportunizar a construção de aprendizagem e que precisa estar embasada na clareza de concepções de ensino, aprendizagem, leitura, escrita, aluno, professor, mundo.

5
Os jovens e os adultos analfabetos: quem são eles?

As representações sociais sobre o analfabeto jovem e adulto no Brasil têm sido assumidas em uma perspectiva bastante negativa, expressando, às vezes, veladamente preconceitos que permeiam o senso comum. Na vida social ocorrem situações em que "cada pessoa é uma representação de uma pessoa" (Moscovici, 1978, p. 64). O mesmo acontece com relação a algumas instituições e conceitos, como os de alfabetização, escola, sala de aula, ensino, aprendizagem, professor e aluno.

As representações sociais constituem-se no senso comum dos indivíduos, elaborado a partir de imagens, crenças, mitos e ideologias. Contribuem para os processos de formação de condutas e de orientação das comunicações sociais.

Transformar as representações sociais significa transformar o senso comum, os processos de formação de conduta e as relações com o "outro", cabendo aos educadores procurar identificar e multiplicar os fatores que podem determinar essa transformação.

Muitos dos objetivos das diferentes propostas, projetos e experiências de alfabetização de jovens e adultos no Brasil, elaborados e executados por diferentes segmentos da sociedade, explicitam algumas dessas representações negativas sobre o sujeito analfabeto, e é importante que se pense sobre isso. Desde a visão de que para alfabetizar jovens e adultos não precisa ser professor, basta saber ler e escrever, até os discursos que utilizam com frequência a expressão "chaga nacional" (analfabetismo não é doença!), que precisa ser "erradicada", percebem-se preconceitos que permeiam esse tema. Nesse sentido, concordo com Pinto quando afirma que não deveriam existir campanhas contra o analfabetismo:

> [...] deveria haver a ação constante e intensa do poder público para dar instrução aos iletrados, dentro de um programa de governo que começaria por atuar sobre as causas sociais do analfabetismo, as quais se resumem no grau do atraso do desenvolvimento econômico da sociedade [...]. A não ser assim, a ação governamental só tendo um valor paliativo, quando não simbólico, vai alfabetizar mal (e inutilmente) analfabetos que terão depois filhos analfabetos (Pinto, 1994, p. 95).

A concepção simplificadora do processo de educação de adultos tende a ver o alfabetizando como alguém que não se desenvolveu culturalmente. Por isso, desenvolve a prática orientada apenas para a lógica do ensino, utilizando, muitas vezes, os mesmos procedimentos didáticos inadequados, empregados também para ensinar as crianças. Essa forma de ver a questão parece menosprezar o conhecimento do sujeito analfabeto, porque percebe a alfabetização de adultos como uma "retomada de crescimento mental de um ser humano que estacionou na fase infantil" (Pinto, 1994). Ela não considera o conhecimento prévio do alfabetizando, os saberes adquiridos por meio de sua história de vida, e ignora que o desenvolvimento e a aprendizagem acontecem na interação social, que não cessa pelo fato de o indivíduo permanecer analfabeto.

Essas percepções negativas do sujeito analfabeto, elaboradas e disseminadas socialmente, veiculadas por rádio, televisão e imprensa escrita, de maneira implícita e explícita vão exercer influências nas concepções e estratégias de ação tanto dos alfabetizadores quanto dos próprios aprendizes.

Diagnosticar o conhecimento prévio dos aprendizes é uma das condições necessárias para a eficiência dos processos de ensino e de aprendizagem. Em relação aos alfabetizandos jovens e adultos, além desse diagnóstico, seria importante também pensar e responder questionamentos como: "Quem são esses aprendizes? Como vivem, o que pensam, o que fazem, por que resolveram voltar a estudar ou, quem sabe, iniciar seus estudos?"

Buscar respostas para essas perguntas demanda renunciar à simplicidade da visão de que os analfabetos são ignorantes, "carentes", ingênuos, incompetentes, preguiçosos. É preciso enxergá-los como geralmente são: sujeitos inteligentes que desenvolveram estratégias de sobrevivência em uma cultura escrita sem estarem adequadamente instrumentalizados para isso, resolvendo problemas, vivendo, trabalhando e amando.

E, como se aceita que esses são sujeitos que conhecem temas relacionados ao mundo do trabalho, é preciso considerar que eles não passaram ilesos pela cultura escrita, já que construíram conhecimentos sobre ela, elaboraram hipóteses, por meio das quais sobreviveram e desenvolveram estratégias de resolução de problemas de acordo com suas necessidades e seus desejos pessoais.

Para contribuir à resposta a esses questionamentos, seria interessante fazer uma reflexão sobre os motivos que levariam esse sujeito adulto e analfabeto ao desejo ou à necessidade de saber ler e escrever. Quais seriam suas expectativas? O que o mobilizaria a buscar algo que viveu, até agora, sem ter?

Geralmente, os professores acreditam que o significado/necessidade da aprendizagem da leitura e da escrita é óbvio, mas não é, pois o óbvio não é o mesmo para todas as pessoas, uma vez que também ele é dependente dos conhecimentos prévios e experiências anteriores. Além disso, o medo do desconhecido, no caso, do aprender a ler e a escrever, é inerente a qualquer situação, mesmo nas que parecem ser "obviamente vantajosas".

No dia a dia é possível perceber que apenas querer fazer alguma coisa não é suficiente para fazê-la. Exemplos para isso não faltam: dieta, parar de fumar, fazer exercícios. Parece que existem motivos que a própria razão desconhece. Esta sempre procura explicar para si mesma as ações e pensamentos dos sujeitos. E o que descobre? Descobre que na base de tudo está o prazer que é, de fato, o que move cada sujeito na busca do atendimento às suas necessidades. No caso da aprendizagem da leitura e da escrita, uma possibilidade desse sentimento de prazer seria perceber que está aprendendo e, por consequência, que é um ser capaz. Isso geraria a sensação da competência, o prazer.

Além do prazer, quais são outros possíveis motivos que levam um sujeito adulto analfabeto a querer aprender a ler e a escrever? Huertas (2001) afirma que motivo se refere a um conjunto de pautas de ação, emocionalmente carregadas, que implicam a antecipação de uma meta ou objetivo preferido.

Em pesquisas realizadas com alunos e alunas jovens e adultos em processo de alfabetização (Schwartz, 2001, 2003, 2004, 2005), na tentativa de compreender os motivos para desejarem aprender a ler e a escrever, algumas das respostas a esse questionamento foram: "Dependo dos outros, quem não sabe ler é cego, não quero mais depender dos outros para ler". "Quero ler o ônibus na rua, quero poder ir a algum lugar com o endereço, hoje não consigo". "Quero ler a Bíblia; quero poder escrever uma carta, pois quando era nova e tinha namorados os outros escreviam para mim. Depender de alguém para ler e escrever é muito ruim".

As respostas, como se pode observar, sinalizam necessidades objetivas (ler o ônibus, a Bíblia, o jornal, escrever cartas) e um desejo subjetivo, o de independência/ autonomia. Essas seriam, em princípio, as expectativas, explícitas e implícitas, iniciais dos aprendizes. No entanto, as palavras são traiçoeiras, uma vez que ao falar dizemos o que queremos, mas ao mesmo tempo também falamos muitas outras coisas das quais nem suspeitávamos (Herman, 1999).

Ao considerar que motivo é algo que se refere a um conjunto de ações emocionalmente carregadas, que implicam a antecipação de uma meta ou objetivo preferido, pode-se supor que as pautas de ação de um adulto analfabeto seriam:

a) procurar uma escola;

b) dirigir-se a ela;

c) matricular-se;

d) assumir seu desconhecimento, sua condição de analfabeto.

De que emoções, entretanto, estariam essas ações carregadas?

a) Da vergonha de expor seu não saber?

b) Do medo de não aprender?

c) De sentimentos relativos à capacidade/incapacidade?

d) De merecimento?

e) De emoções positivas?

f) Que tipo de antecipação de metas e objetivos conduzem essas emoções?

Essas metas são consideradas difíceis de antecipar, pois muitos deles já tentaram outras vezes e não conseguiram; logo, por que conseguiriam agora? Além disso, a percepção antecipada do significado de conseguir aprender a ler e a escrever, em termos da qualidade de vida desses sujeitos, é quase inimaginável para eles.

Essas metas representam também o desconhecido, que está aliado ao medo, à insegurança, às crenças e expectativas pessoais e subjetivas. Como significar a reconstrução desse conhecimento, se está aliado a sentimentos tão conflitantes? Como proceder, pedagógica e didaticamente, para que os alunos desejem aprender?

O desejo é inconsciente; logo, o argumento de que certo conhecimento é necessário pode até despertar a vontade do educando de aprendê-lo, mas desejar é que está, subjetivamente, articulado com o processo de motivar. Freud desconfiou dessas regras lógicas e não racionais do desejo, e propôs a existência de um recanto denominado *inconsciente*. Hermann (1999, p. 12) afirma, nesse sentido, que "o problema é que nós não desejamos o que queremos, tampouco ficamos muito satisfeitos de encontrar o que desejamos. Na verdade, nós, humanos, não sabemos bem o que desejamos".

Conscientemente, os jovens e adultos analfabetos podem até saber que seria vantajosa essa aprendizagem, mas, inconscientemente, desenvolvem mecanismos de defesa para não a construir, por medo do desconhecido ou por não se sentirem capazes, por exemplo.

Paulo Freire (2000) afirma que medos todos têm, o importante é não permitir que ele paralise as pessoas. Situações como esta são comuns: muitas vezes o medo paralisa as pessoas. Assim sendo, a não ação ou a não superação do medo por meio de mecanismos ou de "desculpas esfarrapadas" contentam e justificam cada escolha: "Não fui porque não quis". Na verdade, assim procedendo, as pessoas fogem de se encontrar com seus medos. E fogem da sala de aula, evadem/são evadidas.

No ensino e na aprendizagem da leitura e da escrita, o professor e a professora precisam, portanto, considerar a existência desses medos e buscar estratégias para explicitá-los. Diante do explícito, é possível dialogar. A consciência do medo de não ser capaz de aprender pode ser o mais importante motivo ou para evadir ou para vencer o medo e conseguir construir a aprendizagem, isso dependerá da intervenção do professor nesse sentido.

E o medo de não saber ensinar, apesar de ser muito comum, também precisa ter espaço para ser explicitado. Para superá-lo é preciso desenvolver estratégias que deem voz aos sujeitos, oportunizem que explicitem seus medos, dialoguem com suas expectativas negativas, mostrem que são comuns e que precisam e podem ser contornados.

Outra questão importante a considerar são os conhecimentos prévios que esses sujeitos geralmente trazem sobre o cotidiano da sala de aula e a representação social que têm da escola. Em investigações anteriores (Schwartz, 2001), alfabetizadores referiram que seus alunos explicitavam expectativas de encontrar uma escola baseada na abordagem tradicional, como a que traziam, provavelmente, introjetada de forma implícita em sua lembrança. Algumas falas desses alunos foram coletadas e revelam exatamente isso, conforme se pode ver a seguir:

a) "Muitos deles já tinham na mente uma escola com um sentado atrás do outro" (Tatiane);

b) "Alguns, que já frequentaram a escola, estão achando estranho trabalhar em grupos e não ter que copiar o tempo todo" (Tatiane);

c) "Esse é um jeito novo de aprender, é melhor a gente aprender assim" (Dalva);

d) "...professora, de primeiro se aprendia soletrando, e por que não hoje?" (Juliana).

Para muitos desses alunos, aprender a ler e a escrever era, portanto, sinônimo de muita cópia, cadernos cheios, ditados, riscos vermelhos no caderno e aulas cansativas.

Aprender era um remédio amargo, difícil de engolir. Ao deparar com uma proposta diferente é preciso que essa "surpresa" seja explicada.

Torna-se, então, necessário fazer com que os alunos acreditem que o conhecimento sobre o *como se ensina* e o *como se aprende* avançou. E isso fez as aulas se tornarem diferentes do que eles esperavam. Foi assim que se descobriu, cientificamente, que se aprende articulando prazer e atribuindo significado por meio dos procedimentos didáticos. Em outras palavras, articulando o prazer com o aprender.

Assim sendo, o aprendiz suportará a sensação de medo, insegurança e as crenças introjetadas quanto a ser capaz ou não de aprender. Se ele perceber as aprendizagens que está construindo, sentirá prazer nisso. Se conseguir significar a aprendizagem, se sentirá capaz, e essas serão as situações que inibirão nesse sujeito o desejo de fugir, de abandonar a escola.

Quando as pessoas querem ou desejam alguma coisa, elas movem céus e terras para consegui-la. A partir da consciência de que, no início de um curso, os sujeitos não estão motivados nem para ensinar, nem para aprender, torna-se necessário desenvolver estratégias para que isso aconteça.

Pozo (2002) afirma que nem sempre os desejos estão adequadamente motivados, mas, havendo a persistência em uma atividade, é porque, além do motivo inicial, surgiram outros. E isso sinalizaria para a existência ou para a presença constante de algum tipo de motivação, aproximação, evitação.

Nos processos de ensino e de aprendizagem, essa percepção teria como consequência comportamentos adequados ou não para que os processos se concretizem. Isso não significa, porém, a inexistência de algum tipo de motivação.

Quando o professor questiona a desmotivação do aluno, na realidade o que de fato ele quer saber é por que os alunos não estão motivados para o que se quer que estejam. A motivação para a aprendizagem precisa ser desenvolvida, construída, retroalimentada e articulada com os processos de ensino e de aprendizagem.

Mas como isso pode ser feito?

Os jovens e adultos sofrem como analfabetos. Pode parecer, por isso, "óbvio" que estejam desejosos e prontos para aprender a ler e a escrever. Mas essa não é uma relação simples de causa e efeito. Pode parecer contraditório, já que vivenciam quase que diariamente situações embaraçosas, tal como ter que fingir que estão sem óculos e perguntar o preço de algum produto no supermercado ou o nome de uma rua quando buscam algum endereço. Por que não desejar voltar a aprender a ler e a escrever? Por que tanta resistência, se eles, ao não conseguirem preencher uma ficha de emprego, não podem ocupar uma vaga em qualquer trabalho que envolva a competência do ler e do escrever, perdendo oportunidades de melhorar sua qualidade de vida?

Grossi (1998) relata que o pior de tudo é, na expressão de muitos deles, não poder ter segredos. Ao receberem correspondências precisam solicitar a outro que as leiam e, ao respondê-las, também têm que pedir a outro que a escreva. Com vergonha de permanecerem analfabetos, atribuem a si mesmos a culpa por ainda não terem aprendido. Acreditam que têm cabeça dura, que são velhos demais, incapazes, fracos das ideias, herdeiros de deficiência familiar, pois lá em casa ninguém conseguiu! Resistem, portanto, porque já tentaram outras vezes sem sucesso e internalizaram o estigma de que eles é que são os culpados pela não aprendizagem, que não são inteligentes nem capazes de aprender, encontrando-se motivados para evitar situações de aprendizagem.

Segundo Alonso Tapia (2005), a motivação pessoal, entendida como o motor da ação, o que move o sujeito em direção a algo, está apoiada em um tripé formado:

a) pelas metas positivas (aprender);
b) pelo custo estimado para o alcance dessas metas (enfrentar o medo do desconhecido);
c) pelas expectativas (sentir-se ou não capaz).

A visão do aprendiz com relação às metas positivas dependerá da intervenção do professor. Tem a ver com o significado atribuído ao conhecimento que está sendo construído. Significado esse que não se constrói no vazio ou apenas na aparente importância que o professor nele coloca. É preciso que o alfabetizando perceba para que serviria, qual seria o uso desse conhecimento em sua vida.

Ainda em relação às metas positivas, os alfabetizandos percebem e explicitam que elas se referem às aprendizagens práticas, necessárias para o atendimento de desejos como ler a Bíblia, escrever o nome, dentre outros. Mas, para persistirem motivados a essas metas, os alunos precisam compreender o sentido das intervenções realizadas. Precisam, além disso, ainda modificar, ampliar essas metas, estabelecendo prioridades enquanto aprendem. Os alfabetizandos precisam ficar com a sensação de "não quero faca nem queijo, quero é fome", como escreve Adélia Prado.

Quais seriam os custos para essa aprendizagem? Entre outros, a troca de uma evidente situação conhecida, vivenciada há muito tempo: sobreviver sem o conhecimento inerente ao uso produtivo da cultura escrita. Para isso, eles já desenvolveram estratégias de solução para possíveis problemas relacionados a essa "falta de conhecimento". Trocar para outra condição desconhecida desencadearia uma sensação de incerteza, insegurança, em que os diversos fatores, que podem interagir, seriam percebidos distantes do seu controle, gerando o medo de não ser capaz de aprender.

Com relação à motivação dos alfabetizandos jovens e adultos, é importante lembrar que, para aprender a ler e a escrever, é preciso repetir, a fim de enfatizar que a meta positiva não é óbvia, nem é óbvio o custo que essa aprendizagem pode ter para alunos. É preciso, por conseguinte, trabalhar essa questão em sala de aula e, mais que isso, corporificar as palavras pelo exemplo, justificando e significando constantemente o prazer, a melhoria para a qualidade de vida que ela pode trazer, apontando diariamente os avanços e as conquistas.

Freud (1976) afirma que o ser humano é movido pelo princípio do prazer, mas também pelo instinto de vida e de morte. Esses princípios também precisam estar na base para a reconstrução do desejo de aprender a ler e a escrever. Além de fatores desconhecidos, que podem interferir de maneira incontrolável na vida dos aprendizes, existe prazer nessa aprendizagem. O que o aluno vai ganhar? Que tipos de prazer ela pode proporcionar-lhe? As respostas a isso, ao contrário do que pensam muitos professores, não são óbvias.

Qualquer aprendizagem encaminha para mudanças que, por serem desconhecidas, amedrontam, conduzem a inseguranças, provocam questionamentos profundos, tais como: que mudanças "inesperadas e impensadas" podem promover as aprendizagens em suas vidas? Exemplifico uma situação desse tipo com Alzira, uma aluna do projeto de alfabetização de mil mulheres (O Prazer de Ler e Escrever de Verdade, Geempa/MEC, 1997). Ela, moradora da Restinga, um dos maiores bairros da periferia de Porto Alegre, era analfabeta e, nessa condição, encontrava a atenção e a companhia de seus familiares, pois era considerada incapaz de fazer qualquer coisa sozinha. Cozinhar não podia, pois confundia sal com açúcar; sair sozinha não podia, pois não sabia ler o nome dos ônibus e nem o das ruas; trabalhar fora, tampouco. E se Alzira aprendesse a ler e a escrever? Como seria? Será que teria que cozinhar todos os dias? Quando quisesse sair, iria ter que ir sozinha, pois já não precisaria de companhia? Será? Alzira desejava isso? Renunciar ao único tipo de atenção e consideração que conhecia? Pensa-se que não, pois foi a única da turma de vinte mulheres que não aprendeu.

Claro que é simplificador dizer que ela não aprendeu por isso. Ela não aprendeu porque eu não fui capaz de ensinar-lhe e isso incluiria seduzi-la para ousar: ousar mudar seu estado de analfabeta para alfabetizada com todas as consequências boas e/ou ruins que essa aprendizagem poderia trazer; mas o desejo da Alzira não foi seduzido. É preciso despertar irremediavelmente o desejo de aprender para superar o medo. Só descubro minha coragem, dizia Freire (2003), quando enfrento meus medos. Alzira não conseguiu vencer o medo, e a professora não soube seduzi-la para isso.

Retomando a ideia de Alonso Tapia (2005) sobre o tripé da motivação, com relação às expectativas, essas estão relacionadas à sensação de "ser capaz", que esses alunos, geralmente, não trazem com eles. E por que não a trazem? Não a trazem porque a vida, geralmente, não lhes ensinou a ser merecedores de coisas boas, não lhes oportunizou ser bem-sucedidos em seus investimentos em vários campos. Trazem, por isso, a sensação de não ser capazes introjetada no corpo e na alma (desamparo aprendido)[11]. Precisam ser movidos desse lugar de incapazes para um lugar de "quem pode", "quem consegue", "quem aprende".

Isso também precisa ser trabalhado, explicitado, dialogado e corporificado pelo exemplo. Como? Dialogando sobre o tema, deixando o medo de lado, mostrando que ele não é apenas seu, ele é de todos; e, além disso, salientando que todos trazem conhecimentos diferentes, ou seja, já foram capazes de construir várias aprendizagens, e que estas servirão de base para outras, que precisam ser apontadas, valorizadas, mobilizadas.

A educação de jovens e adultos, por isso, deve ser orientada no sentido de despertar no aluno a consciência da importância de alfabetizar-se, de instruir-se. E essa necessidade será despertada também a partir da compreensão crítica da sua realidade e

---

11. Ao vivenciar experiências frustrantes ou traumáticas, uma pessoa poderia aprender que seus comportamentos e esforços são insuficientes ou inúteis para mudar ou controlar os fenômenos a que se vê exposta. De acordo com Seligman (1975), tal estado de desamparo motivaria a pessoa para a evitação de tais experiências, passividade, apatia geral. Aprender e ensinar são ações difíceis de controlar. Para aprofundamento do tema "desamparo aprendido", sugiro a leitura de Seligman, 1975; Smiley; Dweck, 1994; Covington, 2003; Buron, 2004.

da sociedade em que está inserido. Por isso, precisa partir dos elementos que compõem a realidade do alfabetizando, seu mundo do trabalho, suas relações sociais, suas crenças, seus valores.

Para ensinar esse sujeito jovem ou adulto a ler e a escrever é preciso, portanto, que o professor se apoie também em conhecimento cientificamente (re)construído sobre motivação. Assim ele estará adequadamente preparado para lidar com o medo do fracasso, com as expectativas negativas, com o autoconceito negativo, com o desamparo aprendido. Reconhecerá a importância disso tudo e estará instrumentalizado para revertê-los. Esses conhecimentos, bem como os relacionados ao processo de reconstrução da psicogênese da escrita (Ferreiro; Teberosky, 1985), precisam ser base das pautas docentes do professor-alfabetizador de jovens e adultos.

Os adultos analfabetos viveram anos circulando e trabalhando em uma cultura escrita sem saber ler e nem escrever. Então, é natural que eles tenham dúvidas sobre o que é ler, o que é escrever e para que servem. No que pode essa aprendizagem contribuir qualitativamente para a vida? Essas questões precisam ser esclarecidas no início, no primeiro dia se possível, no contrato pedagógico. Mas não adianta esclarecer logicamente uma questão e depois não "corporificar as palavras pelo exemplo". Não adianta dizer como é bom saber ler e escrever e não gostar nem de ler e nem de escrever... Ninguém precisa de atitudes "politicamente corretas" na sala de aula, mas sim de atitudes com sentido e com significado, com crença, convicção e coerência.

Para ilustrar vou relatar uma situação vivenciada por mim na qual um aluno construiu, por meio da intervenção do professor, o significado dessa aprendizagem. Foi emocionante!

Quando eu trabalhava no Programa Alfabetização Solidária, viajava para o interior da Bahia para visitas de supervisão dos professores que tinham frequentado o curso de formação na PUC-RS. Eram, naquela época, quarenta professores, e mesmo que viajássemos em três colegas, geralmente fazíamos as visitas em duas, o que revertia em mais de vinte professores para supervisionar em poucos dias. Isso não era o problema, pelo menos não para mim. O que era problema era entrar em cada sala e fazer o mesmo discurso: "Boa noite, meu nome é tal, vim de Porto Alegre para assistir a uma aula com vocês". Vinte vezes a mesma fala…

No ano em que realizei a pesquisa do mestrado (2000), viajei todos os meses para a Bahia, a fim de acompanhar o desenvolvimento do projeto, e foi numa dessas vezes que decidi, em vez de fazer o mesmo discurso, escolher um texto e ler para eles. Mas tinha que ser alguma coisa de que eu gostasse muito, para poder corporificar no exemplo a ideia de que ler é muito bom. Escolhi uma poesia: "O elogio do aprendizado" […] de Bertold Brecht. Essa é uma das poucas poesias que eu adoro (não sou muito fã desse gênero). Vivi uma experiência inesquecível com aquela ideia! Entrava nas salas, perguntava se eles se lembravam de mim (já me conheciam…) e dizia que eu tinha trazido uma poesia para ler, podia? Sim, respondiam.

E eu lia, com a entonação de quem está lendo algo lindo, maravilhoso. No final, aplaudiam entusiasticamente. Muito bom! Mas foi numa das últimas salas visitadas que recebi o coroamento daquela ideia: depois de ler, de todos aplaudirem entusiasticamente, um senhor, sentado lá no fundo, disse emocionado: "É para isto que estou aqui! Para poder ler, sozinho, coisas lindas como esta!" Ganhei meu dia! E aprendi na prática como era corporificar pelo exemplo o prazer de ler. Escolhendo ler textos de que gostamos, que nos dão prazer.

Esse relato contribui para sintetizar as ideias contidas neste capítulo, que podem ser assim resumidas:

a) a concepção simplificadora do processo de educação de adultos tende a ver o alfabetizando como alguém que não se desenvolveu culturalmente;

b) essas percepções negativas influenciam as concepções e estratégias de ação tanto dos alfabetizadores como dos próprios aprendizes.

Para mudar isso é preciso:

a) enxergar os alfabetizandos como são, sujeitos inteligentes que desenvolveram estratégias de sobrevivência em uma cultura escrita;

b) considerar que esses sujeitos chegam à sala de aula com conhecimentos já construídos sobre a escrita;

c) reconhecer a necessidade de diagnosticar cientificamente esses saberes, bem como os motivos que levariam esse sujeito adulto e analfabeto a querer/necessitar aprender a ler e escrever;

d) considerar também que esses sujeitos geralmente já vivenciaram tentativas de aprender e fracassaram. Esse fracasso pode ter desencadeado o medo de não ser capaz de aprender, encaminhando para o sentimento de desamparo aprendido.

Esses sujeitos chegam à sala de aula com uma representação social simbólica antiga e ultrapassada dos processos de ensino e de aprendizagem, esperando aulas com muita cópia, cadernos cheios, ditados, atividades sem sentido e significado, cansativas. Ao deparar com uma proposta diferente é preciso que essa "surpresa" seja explicitada e explicada. Isso encaminha para um papel diferente do professor-alfabetizador.

Nesse sentido, destaco a importância de que o professor-alfabetizador de jovens e adultos:

a) reflita criticamente sobre seus conceitos pessoais em relação ao sujeito analfabeto;

b) considere a necessidade de significar a aprendizagem da leitura e da escrita para esse sujeito, sem acreditar que esse significado é óbvio e desnecessário de ser explicitado;

c) dê voz aos sujeitos, oportunizando diariamente situações em que expressem seu conhecimento, suas metas, expectativas, percepções sobre avanços ou não, reconhecendo seus medos, dialogando com eles, desenvolvendo estratégias para superá-los;

d) corporifique as palavras pelo exemplo, tendo consciência de que as palavras a que faltam a corporeidade do exemplo pouco ou quase nada valem.

A seguir, vamos dar continuidade à reflexão sobre outros aspectos inerentes ao professor-alfabetizador de jovens e adultos.

6
O professor-alfabetizador

6.1 O saber do professor-alfabetizador

Onde há vida, há inacabamento
(FREIRE, 1997, p. 55).

O saber do professor se constitui e está constituído da trama de:
a) experiências;
b) crenças;
c) convicções;
d) valores;
e) ideias;
f) princípios;
g) teorias;
h) estratégias de atuação que utiliza para planejar, organizar, executar e justificar sua ação profissional.

São:
a) sistemas de ideias;
b) comportamentos interiorizados e
c) comportamentos construídos na experiência pessoal e na formação docente que constituem seus marcos de referência e orientam (implícita e/ou explicitamente) sua prática pedagógica, sustentada por orientações paradigmáticas, quer o professor tenha consciência e clareza delas, quer não.

A trajetória escolar vivida pelos docentes durante o tempo em que foram alunos tem um caráter formativo e tende a permanecer, apesar das características que a formação específica traz (Alliaud, 1999).

O professor de hoje é o aluno de ontem que não esqueceu sua professora, sua escola e o lugar que isso representava na sua família e em seus projetos futuros. Pode ser que, na sua forma de atuar em sala de aula, o professor repita padrões ou ressentimentos que nunca puderam ser elaborados, analisados ou ouvidos em um contexto apropriado para isso.

Muitas vezes o professor está restrito a definições elaboradas de acordo com algum "autor reconhecido", percebendo como desvalorizados o seu conhecimento ou seus próprios pensamentos sobre as mesmas questões, como se estes não tivessem lugar, fossem proibidos, o que gera insegurança na prática docente.

As representações mentais dos docentes estão influenciadas/influenciam o seu saber, o seu fazer e o seu pensar, incidindo sobre o êxito ou o fracasso dos aprendizes. Essas representações são também influenciadas pelo conhecimento que o docente tem sobre a inteligência.

Se tal conhecimento tiver base inatista, ele vai supor que uns nascem mais inteligentes que outros, que uns aprendem naturalmente mais e outros menos, e sua prática docente vai ser coerente com essa concepção.

Quando o professor pressupõe que tal ou qual sujeito não consegue aprender, desencadeia, a partir do inconsciente, um tipo de não autorização para a aprendizagem. Mesmo que se trate de uma disposição inconsciente, essa atitude produz efeitos e, na maioria das vezes, determina a exclusão desse aluno do conjunto dos considerados "capazes de aprender" (Rosbacco, 2000).

Se, em contraponto, o professor perceber a inteligência como processual, em que se fica inteligente enquanto se aprende, e que ser inteligente é ser capaz de construir relações, fazendo uso do conhecimento de acordo com as demandas da realidade, percebendo todos como capazes de aprender, seu investimento pessoal na aprendizagem de todos os alunos, sua prática, suas estratégias de ensino serão também coerentes e influenciadas por essas ideias.

Coerente com essa percepção da inteligência, o professor sabe que precisa ensinar partindo da lógica da aprendizagem processual dos alunos, o que demanda saber diagnosticar o conhecimento prévio e reconhecer que só ensina quem aprende (Grossi, 1998). Ensinar e aprender correspondem a atividades complementares, uma definida pela outra. Se o aluno não aprende é porque o professor não sabe ou não pode lhe ensinar (Macedo, 2005).

Que saberes básicos são, então, necessários para que o professor alfabetize todos seus alunos? Os saberes teóricos referentes a como os sujeitos aprendem a ler e a escrever, explicitados pela psicogênese da língua escrita (Ferreiro; Teberosky, 1985) e a observação, o acompanhamento e avaliação processual dos saberes produzidos pelos alunos na prática cotidiana, acompanhados de sistematização e reflexão crítica.

6.2 O fazer do professor-alfabetizador

> Sem compreender o que se faz, a prática pedagógica é mera reprodução de hábitos existentes ou respostas a demandas externas. Se um projeto se concretiza em Educação é porque os docentes o fazem seu de alguma maneira, interpretando-o e adaptando-o
> (Sacristán, 1997).

Parece existir uma crença generalizada de que o *fazer* docente é consequência "natural" do *saber*. De fato, o *saber* é condição para o *fazer*, porém isso não é suficiente. A condição do professor ter se apropriado de inúmeros conhecimentos teóricos sobre determinado assunto não lhe assegura que eles serão mobilizados adequadamente nas situações em que forem solicitados. O saber do professor demanda conhecimento teórico, mas inclui, além disso, habilidades e recursos que transcendem a ele. É preciso saber e saber fazer nas situações reais.

O *saber fazer* precisaria estar no currículo da formação docente. No entanto, existem evidências de que frequentar cursos de licenciatura não tem garantido aos professores egressos o conhecimento do *quê* e do *como* ensinar aos alunos. Apesar dos avanços produzidos no conhecimento teórico nas áreas da alfabetização, do ensino e da aprendizagem, muitas das práticas de professores, envolvidos na tarefa de alfabetizar, têm permanecido iguais durante décadas. "Parece indispensável que os programas de capacitação incluam como um dos objetivos o de '(re)alfabetizar' os professores-alfabetizadores" (Ferreiro, 2007).

Uma das hipóteses para que isso ocorra pode ser encontrada nos dados revelados pela pesquisa da Fundação Carlos Chagas, de

2008, já referida na primeira parte deste livro, que concluiu que apenas 20,7% das disciplinas obrigatórias dos cursos de Pedagogia tratam de práticas de ensino, didáticas específicas e metodologias.

A ideia de pesquisar os cursos de licenciatura foi originada por outro estudo, realizado pelo Ibope, que evidenciou que 64% dos educadores avaliavam o curso em que se graduaram como excelente ou muito bom, mas 49% diziam que esse mesmo curso não os preparou para a realidade da sala de aula, pois não se sentiam *sabendo fazer*. Essa tem sido também uma queixa frequente dos formandos de Pedagogia com quem tenho tido a oportunidade de interagir.

Os alunos dos cursos de Pedagogia expressam que, ao longo de sua formação, os professores afirmam que cada grupo tem suas especificidades ("cada turma é uma turma"), e as estratégias de ensino deverão ser planejadas de acordo com a realidade do grupo com o qual se vai trabalhar.

No entanto, o fazer do professor precisa incluir selecionar, priorizar, organizar, planejar, articular, tornar lógico o conhecimento, desenvolvendo estratégia de (re)construí-lo com os alunos.

Por isso é importante que se oportunize que os alunos dos cursos de licenciatura reflitam criticamente sobre situações específicas de sala de aula, estudos de caso reais, (re)construindo conhecimento específico sobre diversos fatores, utilizando-os em seus planejamentos e suas intervenções didáticas, organizando o fazer docente. Embora permaneça a ideia de que cada turma é uma turma, e as subjetividades inerentes a essa constituição peculiar devam ser levadas em consideração, existem fatores comuns, estáveis – invariantes – nos processos de ensino e de aprendizagem, que independem dessa constituição peculiar e precisam ser informados aos professores.

Há ainda outras importantes questões que precisam ser colocadas, tais como:

a) Os adultos aprendem a ler e a escrever como as crianças?
b) O que é preciso saber sobre os alunos para iniciar as aulas de alfabetização?
c) Que usos a chamada diária pode ter?
d) E o conhecimento dos nomes dos integrantes do grupo?
e) O modo de iniciar a aula precisa ser planejado detalhadamente?
f) O modo de organizar o espaço físico da sala de aula faz algum tipo de diferença?
g) O ensino da letra cursiva é obrigatório?
h) Iniciar as aulas escrevendo a data e o nome da escola no quadro de giz também?
i) O ambiente alfabetizador é constituído de quê?
j) O clima da sala de aula é fator com potencial determinante para a qualidade dos processos de ensino e de aprendizagem?
k) Do que é constituído esse clima?
l) Por que se aprende na interação? De quem, com quem ou com o quê?
m) O que significa atribuir sentido e significado a um conhecimento?
n) O que é uma situação problema?

Esses questionamentos conduzem a alguns exemplos de invariantes[12] que precisam ser considerados na prática pedagógica alfabetizadora.

---

12. Conhecimentos didáticos e pedagógicos específicos e estáveis, independentes das características subjetivas de cada grupo, que precisam ser oportunizados ao longo do processo de formação docente.

Considerando-se as especificidades dos contextos e dos sujeitos envolvidos nos processos de ensino e de aprendizagem, podem-se enumerar outros fatores cuja presença constitui, em geral, condição necessária para que os sujeitos se esforcem por aprender. Alguns desses fatores referem-se a:

a) sentir curiosidade pela situação proposta ou sobre o tema que se pretende ensinar/aprender;

b) compreender o sentido e o significado dessa aprendizagem;

c) sentir-se capaz de construí-la;

e estão relacionados ao contexto e com os fatores pessoais dos sujeitos que nele interagem (Tapia, 2005).

Para planejar e organizar os procedimentos da aula, a atuação docente geralmente está mediada por quatro tipos de fatores:

a) *O que o professor sabe* – sobre o ensino e a aprendizagem da leitura e da escrita;

b) *O que ele acredita que pode conseguir com seus alunos* – suas crenças e convicções nos limites e possibilidades dos alunos;

c) *As metas que pretende atingir* – que sujeito deseja formar? Acredita que é possível ensinar a todos e que todos aprendam?

d) *A percepção, no momento específico, de que o esforço envolvido na tarefa é produtivo* – de acordo com os objetivos que se propõe e que percebe como possíveis de alcançar.

Esses são alguns saberes inerentes à prática pedagógica do professor-alfabetizador de jovens e adultos que serão detalhados neste livro.

6.3 O papel do professor-alfabetizador

> Ensinar não é transferir conhecimento, mas criar as possibilidades para sua produção ou construção (Freire, 1997, p. 25).

O professor é o profissional do ensino ou da aprendizagem?

Muitos respondem a esse questionamento afirmando perceber o professor como profissional do ensino. Argumentam que seu papel é o de organizar as situações de sala de aula, é o de decidir os temas a serem trabalhados e como ensiná-los aos alunos.

Concluídas, entretanto, essas ações de maneira crítica, consciente e esforçada, está terminado o trabalho do professor? Não, porque isso não garante que o aluno vai aprender o que o professor queria ensinar.

Então, poder-se-ia dizer que o professor é o profissional da aprendizagem que, para ser alcançada, precisa que o ensino seja bem planejado?

Sim. O ensino é um dos fatores da aprendizagem, e esse é também um dos papéis do professor, mas não o único, até porque hoje é importante que se questione o que se entende por aprendizagem, em uma época em que a informação está disponível de inúmeras maneiras. Como ensinar o aluno a acessar e utilizar a informação de modo proativo?

Hoje o papel do professor é multifacetado, porque:

a) é o responsável pelo ensino;
b) é quem precisa desenvolver estratégias para que todos os alunos aprendam a aprender modos de apropriação da linguagem;
c) é o que contribui para tornar os alunos usuários autônomos da escrita e da leitura;

d) é quem precisa oportunizar que os alunos reconstruam e ressignifiquem conteúdos socialmente construídos e priorizados de acordo com padrões majoritariamente estabelecidos que contribuam para a sua qualidade de vida.

Investido deste papel, algumas das ações estáveis do professor-alfabetizador seriam:

a) descobrir os interesses e as motivações iniciais dos alunos;
b) planejar e desenvolver boas situações de aprendizagem;
c) propor conteúdos que vão ao encontro dos saberes já construídos;
d) dar continuidade às tarefas propostas;
e) orientar a seleção de materiais para trabalhar;
f) organizar os grupos de trabalho;
g) decidir a duração das atividades;
h) garantir que cada um chegue o mais longe possível (Tolchinsky, 2004).

6.4 O pensar do professor-alfabetizador

> A legitimidade da palavra de um educador professor só poderia vir da ligação que ele, enquanto pensante, mantém com o conhecimento, com a cultura em si (Camargo, 2006, p. 24).

O pensar do professor é explicitado por meio de atitudes, ações, gestos, e não apenas de palavras. Muitas vezes o sujeito diz alguma coisa, mas pensa diferente. Os professores não costumam pensar sobre o seu pensamento (metacognição) e nem sobre o que podem comunicar por meio da linguagem não verbal, o que não impede que os alunos recebam as mensagens não explícitas.

Se um professor elogia seus alunos, mas sua expressão não verbal contradiz suas palavras, os alunos geralmente percebem seu pensamento, não o "ouvindo". É a ausência de consciência e de reflexão crítica sobre a importância da linguagem não verbal nos processos de ensino e de aprendizagem que impede, às vezes, que o professor perceba a influência das suas expectativas nos alunos. Em sua consciência emerge apenas a ideia de que trata todos os alunos igualmente (talvez seja o que teria vontade de fazer, ou o que pensa ser o adequado).

Algo semelhante pode acontecer no âmbito familiar: uma mãe pode tentar tranquilizar com palavras doces seu filho, mas, se ela mesma não estiver tranquila, dificilmente conseguirá, porque a segurança, tanto quanto as expectativas, é transmitida pela linguagem não verbal. É um contágio do ânimo e, se este não existe, as palavras consoladoras perdem grande parte do conteúdo de sua mensagem (Buron, 2004).

Portanto, o pensar do professor e suas expectativas se manifestam por meio de comportamentos rotineiros, os quais não costuma observar, perceber, e sobre os quais não reflete de forma crítica – logo, não os controla voluntariamente. Para que possa controlá-los é preciso que construa a consciência da importância dessas comunicações para a qualidade dos processos de ensino e de aprendizagem.

Os pensamentos generalizados sobre o alfabetizando jovem e adulto no Brasil têm assumido uma perspectiva bastante negativa, expressando preconceitos que permeiam a representação social sobre o analfabeto. Ideias sobre a dificuldade de aprendizagem ser relacionada com a idade do aprendiz ("cavalo velho não pasta"); e objetivos pouco ambiciosos (aprender a assinar o nome, oportunizar socialização) que aparecem nas propostas e experiências de alfabetização de jovens e adultos no Brasil, elaborados e executados por diferentes segmentos da sociedade, explicitam alguns desses preconceitos.

Existem programas, por exemplo, em que se defende a ideia de que para ensinar jovens e adultos a ler e escrever é suficiente ser alfabetizado, não precisando ser professor, como se ensinar a ler e a escrever fosse tarefa simples, podendo ser desenvolvida por leigos. Outro tipo de preconceito aparece na utilização de termos como "chaga nacional" que precisa ser "erradicada", ao referir-se ao analfabetismo.

Analfabetismo não é doença. É consequência de entraves anteriores. A relação entre analfabetismo e exclusão social está articulada a um contexto amplo da sociedade, dentro do qual a desigualdade influi de forma decisiva nas condições de vida dos sujeitos. Ninguém é analfabeto por escolha própria. As pessoas são analfabetas devido às condições objetivas. "Em certas circunstâncias o homem iletrado é aquele que não precisa ler. [...] Em outras circunstâncias, o analfabeto é aquele a quem foi negado o direito de ler. Em nenhum dos dois casos há escolha" (Freire, 1985, p. 14).

É preciso, então, que o professor reflita que, sem pensar criticamente o seu pensamento (metacognição), ele encaminha-se para a alienação, para o não profissionalismo, para a incompreensão dos fenômenos sociais e educativos.

Isso pode implicar despreocupação e/ou inibição dos processos de mudança, de compreensão e interpretação de seu papel.

Quando algo assim ocorre, há o perigo de o professor chegar a uma pedagogia limitada. Essa limitação faz com que ele se distancie da realidade que o cerca, planejando e desenvolvendo aulas para alunos imaginários em contextos que deseja que existam.

Ao contrário disso, quando o professor construiu saberes sobre como os sujeitos aprendem e como é possível ensinar a todos, compreende empaticamente as reações do aluno, planeja e desenvolve suas ações direcionadas a esses sujeitos reais, ensinando e aprendendo com todos eles.

6.5 O olhar do professor

> [...] nada é menos neutro que a maneira de se movimentar em sala de aula, de olhar cada um e cada uma, de parar ao lado da classe deste ou daquele, de dar a palavra a este em vez daquele, de começar pedindo o caderno de fulano [...]. Nada é menos neutro e tudo faz sentido. Tudo fala (Meirieu, 2005, p. 134).

O olhar do professor é poderoso. Se nele não houver crença/convicção na possibilidade de aprendizagem, o aluno percebe, sente essa ausência e, geralmente, age de acordo com essas expectativas.

Muitas vezes escutei professores-alfabetizadores conversarem na sala dos professores, depois do primeiro dia de aula, e comentarem: "Tenho dois que só fazem cobrinhas! Não sabem nada! Eles não vão passar, já sei".

Em março, no início das aulas, a "sorte" de dois alunos já estava selada. O "olhar" do professor decretou seu fracasso. Isso é comum de acontecer. Assim como é comum que um colega avise para o outro: "Fulano está na sua sala este ano. Nem tente... Não vale a pena". Ou "Ah! A Fulana vai ser tua aluna? Te prepara!"

Geralmente essas mensagens são suficientes para preparar "o olhar do professor" em conformidade ao estigma anunciado, e ele já vai se preparando mentalmente para o que vai acontecer em sua aula.

Ao encontro dessa ideia, Weisz (2000, p. 107, grifos nossos) afirma que:

> *Se não acreditarmos que os alunos podem aprender, se não estivermos convencidos de que podemos de fato ensiná-los,* não teremos o empenho necessário para identificar o que sabem ou não e, a partir daí, planejar as intervenções que podem ajudá-los a avançar em suas aprendizagens [...] os alunos sentem quando não acreditamos que podem superar suas dificuldades, mesmo que digamos o contrário – *este é um território em que não é o discurso que manda, mas a crença que nos orienta.*

Há muitos professores que reconhecem a necessidade de mudanças na sua prática pedagógica, que buscam respostas para seus questionamentos, que percebem sua incompletude e que se preocupam com a aprendizagem de todos os seus alunos.

Esses são os observadores das pequenas coisas que se passam na escola. São os que pensam e agem no sentido de torná-la melhor. São os que reconstroem também suas identidades profissionais, abrindo-se para um sério comprometimento com as classes populares.

Professores que pensam e acreditam que a todas as pessoas deve ser garantido o direito à dignidade e que, acreditando nisso, conseguem olhar para o que têm diante de si e ver possibilidades são os que conseguem articular o olhar e a visão. E isso é fundamental para crer e pensar o próprio pensamento e para conseguir ver.

Questionador, o olhar percorre as coisas evidentes, visíveis, e o que desse olhar retorna é a representação. Mais um motivo para a formação permanente, para estudar, compreender e ressignificar a teoria. Sem ela, o olhar fica pobre, insuficiente, e a representação também.

Os docentes, preocupados com a formação permanente, buscam nos livros, na interação com os outros a consolidação de uma prática alfabetizadora que resulte produtora de aprendizagens para todos.

Percebem, assim, a necessidade de que seu saber, seu fazer, seu pensar, seu sentir e seu olhar sejam construídos sobre bases interdisciplinares que expressem sua coerência e sua firme convicção no potencial do ser humano.

O professor-alfabetizador aprendeu a ler e a escrever em um determinado momento de sua trajetória. Sabe ler e sabe escrever, pensa como leitor e como escritor, não importando de que tipo ou qualidade. Pensa com base na ótica de quem já construiu a compreensão de como se lê e de como se escreve. Provavelmente ele aprendeu a ler e a escrever repetindo, memorizando letra por letra, sílaba por sílaba, até formar palavras, frases e textos.

Hoje se sabe que não se aprende a ler e a escrever assim, repetindo e memorizando coisas sem sentido e sem significado para o aprendiz. Aprende-se lendo e escrevendo, pensando e atribuindo significado à escrita (Ferreiro; Teberosky, 1985; Tolchinsky, 2005; Jolibert, 2006; Lerner, 2006 etc.).

Porém, Tardiff (1999, p. 20) considera que "uma boa parte do que os professores sabem sobre o ensino, sobre os papéis do professor e sobre como ensinar provém de sua própria história de vida e, sobretudo, de sua história de vida escolar". Sua tendência é repetir o método com que foram alfabetizados.

As representações dos professores-alfabetizadores de como se ensina/aprende a ler e a escrever geralmente referem teorias implícitas construídas a partir de experiências pessoais.

Muitas vezes, professores pouco reflexivos não percebem que pensam e agem de certa maneira embasados por tal ou qual teoria, o que aponta para a necessidade da consciência dos *imprintings* (determinismos), porque essa consciência é o que permite se libertar deles (Morin, 1997).

O professor não repetirá essa prática se estiver consciente de suas origens e razões e se estiver convicto da não adequação da repetição desses procedimentos, dessa lógica, naquele momento.

Esse convencimento, essa mudança de atitude, passa pela desconstrução da experiência vivenciada, com sucesso no seu caso: desconstruir o modo como aprendeu a ler e a escrever. A representação social embasada no senso comum "eu aprendi assim e tantos aprenderam" demanda reflexão crítica, ousadia, convívio com o incerto, dentre outros sentimentos e ações muitas vezes catalisadores de sensações desconfortáveis. Demanda suportar o confronto com as próprias ignorâncias, a percepção e o reconhecimento da sua incompletude.

Passa também pelo reconhecimento da escrita como processo histórico, social e cultural, ou seja, pela percepção das diferentes funções que a escrita foi desenvolvendo ao longo da história, entendendo que as funções sociais do tempo em que esses professores aprenderam a ler e a escrever mudaram muito.

Nesse sentido, o olhar do professor precisa expressar a coerência entre o saber, o fazer, o pensar e a sua compreensão dos diferentes papéis que devem ser desenvolvidos em sua prática docente.

PARTE II
OS INVARIANTES DIDÁTICOS[13]

---

13. Invariante: constante, independente do contexto (Aurélio, 1997). Didática: modo como o ensino é planejado e conduzido, tendo como objeto de estudo o acontecimento ensino (Penin, 2003).

O que são?

A alfabetização de jovens e adultos acontece ao longo de um processo que, além de habilitar o aprendiz a ler, produzir e compreender qualquer tipo de texto que desejar e/ou do qual necessitar, precisa conduzir também a uma leitura crítica da realidade, auxiliando na percepção, conscientização e desejo de transformação quando a realidade assim o demandar.

A prática pedagógica, por isso, não deve fazer com que alunos e alunas "embarquem" neste mundo assim como está, mas deve lhes oportunizar meios para que possam decidir seu próprio futuro numa sociedade que estarão habilitados a modificar, se a realidade assim o demandar, contribuindo para o desenvolvimento do senso crítico.

Valorizar a produção de pensamento na prática pedagógica – mas tendo também clareza de que os conhecimentos socialmente construídos são necessários como base para elaborar outros conhecimentos – é fundamental, porque é dessa forma que o professor poderá organizar o que os alunos descobrem, criam e formulam.

É assim que a intervenção na reconstrução do conhecimento vai se dando, sempre mediada pelas ações responsáveis do professor.

Já se falou, ao longo do livro, sobre o que é ensinar, o que é aprender, como se ensina e como se aprende a ler e a escrever, a fim de:

a) esclarecer quais conceitos e concepções embasam a prática pedagógica;

b) contribuir para que se reflita até que ponto cada um é coerente com essas concepções;

c) refletir criticamente sobre no que se pode avançar, melhorar, aprender mais.

Sabe-se que a aprendizagem é pessoal, subjetiva. Aprender é inerente ao ser humano. Todos podem aprender a ler e a escrever (Teberosky, 2005; Tolchinsky, 2005; Nemirovsky, 2005; Ferreiro, 2002; Grossi, 1998). Na aprendizagem se entrelaçam conhecimentos prévios, experiências pessoais e sociais, informações. Aprender em sala de aula não depende, portanto, de uma simples aceitação igual e passiva do discurso do professor.

Seria possível, então, a partir do que já foi argumentado, pensar e sistematizar aspectos a serem atendidos em todas as aulas para que sejam percebidas como espaços de construção de aprendizagens significativas?

Seriam esses aspectos estáveis dos processos de ensino e de aprendizagem, que independem de características dos participantes, o que Sacristán (1997) denomina invariantes culturais, neste caso renomeados invariantes didáticos?

Seria este um tipo de receita? Parece que receitas não existem. Existem? A aula, ainda que seja detalhadamente planejada, não transcorre como o desenrolar de uma peça de teatro, pois o inesperado não avisa, ele acontece.

Ao listar e comentar esses invariantes, pretende-se encaminhar pensamentos e reflexões críticas sobre aspectos considerados estáveis no encaminhamento de um referencial metodológico para uma prática alfabetizadora consciente e desejosa de ensinar a ler e a escrever, nos significados amplos e complexos desses conceitos.

Aspectos estáveis que independem das características subjetivas dos sujeitos de diferentes grupos de ensino e de aprendizagem, e que precisam ser pensados, planejados, considerados em qualquer prática pedagógica alfabetizadora que perceba todos como capazes de aprender.

Esses aspectos serão nomeados invariantes didáticos, já que invariante é algo que não sofre variação, que permanece, independe do contexto. Que invariantes didáticos poderiam ser esses?

O conteúdo da alfabetização é aprender a ler e a escrever. Mas ler o quê? Escrever o quê? Basicamente, diferentes tipos de textos.

A seleção dos conteúdos também está relacionada às concepções de ensino, de aprendizagem e de alfabetização que embasam a prática pedagógica do professor. A separação dos conteúdos precisa, por isso, incluir não só a preocupação com a qualidade dos conhecimentos selecionados, como viabilizar as aprendizagens. O professor precisa saber o quê, o para quem, o para quê e o como ensinar.

Os invariantes didáticos pretendem, assim, contribuir para habilitar o professor a responder os questionamentos básicos para a prática docente alfabetizadora.

Antes de nomeá-los, vamos recapitular e aprofundar algumas questões já abordadas ao longo do livro. É papel do professor:

a) criar;

b) planejar e desenvolver situações de aprendizagem adequadas e desafiadoras para os alunos.

Boas situações de aprendizagem são as que:

a) mobilizam a atenção e o interesse do sujeito;

b) potencializam a interação;

c) oportunizam que os alunos recordem e utilizem o que pensam e sabem;

d) trazem problemas a serem resolvidos,
e) são investidas de sentido e significado;
f) demandam decisões, escolhas.

Então, os detalhes priorizados no modo de organizar esse tipo de situação precisam se preocupar em potencializar a interação entre todos, oportunizando que diferentes informações circulem e que os conteúdos mantenham as características do objeto sociocultural a ser aprendido. No caso das classes de alfabetização, deseja-se ensinar/aprender principalmente a ler e a escrever.

Aprender é construir relações entre um conhecimento existente e novas informações. Os processos de pensar, desordenar e ordenar essas novas informações é que podem contribuir para que o conhecimento avance.

Não existe quem nada saiba de alguma coisa; portanto, o sujeito que chega às classes de alfabetização traz consigo saberes construídos sobre o objeto conceitual que se pretende ensinar: a escrita como representação da linguagem.

Sendo assim, se não forem desenvolvidas estratégias para diagnosticar o conhecimento prévio que os alunos trazem, o ensino da escrita será como um voo cego. Sem esse diagnóstico não é possível responder uma das perguntas básicas para o bom andamento do trabalho docente alfabetizador: *quem* são os alunos, o que já sabem sobre a escrita.

Essas ideias encaminham, portanto, para a necessidade inicial e indispensável de realizar o diagnóstico dos saberes já construídos pelos alunos, a fim de esses conhecimentos poderem ser utilizados para a reconstrução de outras relações, com as novas informações que os problemas e desafios propostos pelos professores tratarão de trazer. Esse é o invariante didático número um.

Invariante didático I
O diagnóstico do conhecimento prévio + acompanhamento individual da avaliação

Ensinar é ciência e, como tal, demanda explicações/compreensões racionais e objetivas, procurando estabelecer relações entre os fenômenos de maneira metódica e rigorosa, buscando caminhos para atingir os objetivos a que se propõe: a aprendizagem de todos. Ensinar exige rigorosidade metódica (Freire, 1998).

A busca de caminhos para a melhoria da prática pedagógica e para a profissionalização docente do professor-alfabetizador tem apontado para a necessidade de partir do conhecimento prévio dos alunos. Um instrumento metodológico indispensável para saber o que os alunos já sabem é o diagnóstico.

Um diagnóstico aponta para:

a) produtos, neste caso hipóteses já construídas sobre a escrita;

b) respostas norteadoras para o planejamento das ações didáticas.

Geralmente é preciso utilizar o diagnóstico do conhecimento prévio como base para o planejamento dos próximos procedimentos, mas o seu valor essencial ficará diminuído se for considerado uma atividade desconectada ou apenas ligeiramente vinculada às que virão.

Para potencializar a função do diagnóstico é preciso que ele seja em si mesmo uma atividade de ensino e aprendizagem. Nesse caso, o professor:

a) precisará aprender a escutar o sujeito;
b) necessitará do conhecimento cientificamente construído para enxergar na produção do aluno as hipóteses construídas;
c) deverá desenvolver estratégias para realizar a observação metódica e o acompanhamento sistemático das aprendizagens.

O diagnóstico do conhecimento prévio dos alfabetizandos precisa, por isso, ser explícito, metódico, claro. Seu objetivo principal é detectar quais as hipóteses os alunos já construíram sobre a escrita, pois é a partir desse conhecimento que se dará o planejamento das ações docentes para aproximá-lo do ideal de leitor/escritor que se quer formar.

Esse diagnóstico é a ferramenta que oportuniza que a prática pedagógica se desenvolva de modo contextualizado, norteador, direcionada àqueles alunos e necessária àquele grupo.

O diagnóstico do conhecimento prévio planejado e desenvolvido de modo metódico é, por conseguinte, *indispensável para iniciar a prática alfabetizadora*.

No entanto, pesquisas sobre os processos de ensino e aprendizagem da leitura e da escrita que descrevem observações feitas em classes de alfabetização não têm apontado o uso desse tipo de diagnóstico.

Assim sendo, pode-se supor, por um lado, que ele não tem sido considerado estratégia importante; e, por outro, que esse ensino tem sido, na prática, uma atividade desenvolvida com forte dose de improviso (Sacristán, 2000).

Poderia supor também que os professores-alfabetizadores partem da premissa embasada no senso comum de que os alunos são todos analfabetos, o que os colocaria em algum tipo de posição de igualdade, dispensando assim o uso de qualquer outro tipo de diagnóstico.

É preciso refletir que aqueles que, conscientemente ou não, assim procedem – não realizando nenhum diagnóstico do conhecimento prévio metódico e sistemático – embasam sua prática em uma concepção empirista de ensino e de aprendizagem, repetindo modos de ensinar antigos e desatualizados.

Como realizar esse diagnóstico?

Como já dissemos, o diagnóstico precisa ser explícito, claro e metódico.

Metódico → precisa ser planejado e desenvolvido de modo a permitir que o diagnóstico seja válido e confiável. Mas o que é um diagnóstico *válido* e *confiável*?

Vamos tentar explicar por meio de um exemplo:

Arcos e flechas e outras armas estão sendo testados por um atleta a fim de verificar se são armas válidas e confiáveis para participar de uma competição. No primeiro teste o alvo fica assim:

Ao observar-se a imagem, fica evidente que quase não existe diferença entre os disparos que acertaram o alvo e os que ficaram fora. Nesse caso *a arma não foi confiável nem válida*, pois os disparos deveriam ter se concentrado no alvo (objetivo).

Com a segunda arma testada, o alvo fica assim:

Já essa arma *foi confiável*, porque os disparos se concentraram no mesmo lugar. A arma, entretanto, *não foi válida*, pois não atingiu o lugar adequado, o centro do alvo.

A terceira arma, por sua vez, foi precisa, *confiável* e adequada para o objetivo, portanto *foi válida*.

No caso do ensino e da aprendizagem da leitura e da escrita, o diagnóstico precisa ser também coerente com o objetivo que se pretende alcançar. Assim sendo, é importante repensar criticamente o que se entende por ensino, aprendizagem, alfabetização, leitura e escrita, pois é a clareza sobre esses conceitos que permite que se delimite o alvo.

O diagnóstico só se faz necessário e indispensável se concordamos que os alunos chegam à sala de aula com *diferentes saberes* (não melhores ou piores), e que, para avançarmos de um conhecimento para outro mais elaborado, precisamos saber de onde partimos com cada um dos alunos.

Essa ideia compactua com a teoria pós-construtivista, mas não com a empirista, por exemplo. Por isso a necessidade de se ter clareza em:

a) como se acredita que os sujeitos aprendem;

b) como se ensina de modo coerente com essa convicção;

c) de que concepção de alfabetização se está falando.

Se essa coerência for encontrada, será possível diagnosticar metodicamente o que cada aluno já sabe sobre a escrita. Só assim será possível fazer seus conhecimentos avançarem e escolher as "armas" confiáveis e, principalmente, válidas para os instrumentalizar na trajetória de ensino e de aprendizagem.

Mas como fazer então?

Para o diagnóstico inicial, com o objetivo de conhecer o que os alunos já sabem sobre a escrita e para aprender a realizar diagnósticos, a sugestão é iniciar com uma entrevista individual, com base na realizada por Ferreiro e Teberosky (1985), conhecida como a escrita das quatro palavras e de uma frase.

A elaboração de uma estratégia de diagnóstico com as características descritas acima necessita que se comece questionando:

a) Que saberes um sujeito, considerado analfabeto, pode ter construído sobre a escrita?

b) Que saberes podem ser diagnosticados – com base no conhecimento cientificamente construído – na maioria dos sujeitos "analfabetos"?

No exemplo a seguir, sobre a Marina, o que se pode afirmar que ela sabe sobre a escrita? Seus conhecimentos prévios?

Pode-se afirmar que Marina sabe escrever seu nome. Ela sabe também que se escreve com letras. Conhece algumas letras, usando nas suas escritas principalmente as do seu nome. Ela sabe ainda que, para escrever palavras diferentes, é necessário usar letras diferentes e mudar a ordem delas.

E Jildete, o que se pode afirmar que ela sabe?

Invariante didático 1

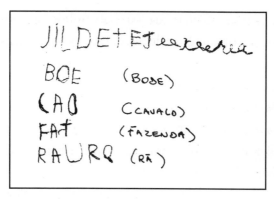

Em relação a ela pode-se afirmar o mesmo que se disse sobre os saberes de Marina. Jildete vai além, percebeu que, para escrever palavras diferentes, além de utilizar diferentes caracteres precisa usar letras específicas, aquelas cujo som escutou nas palavras que lhe foram ditadas. Jildete reconhece a existência de algum vínculo entre o som e a escrita.

Em relação a quantas letras escrever, Jildete alterna entre a hipótese de que cada vez que ela abre a boca precisa colocar uma letra, e outras vezes uma letra não é suficiente para cada emissão sonora.

E do exemplo de escrita do João[14], que saberes se pode inferir?

---

14. Esse exemplo de escrita foi realizado na minha presença por um aluno adulto, do interior da Bahia, cidade com pouquíssimos "portadores de texto", ausência de jornais e revistas, na qual o uso social da escrita era muito restrito.

O que se pode afirmar que João sabe sobre a escrita? A hipótese que ele construiu é modesta ou seus pensamentos são bem avançados?

O que se observa é que ele:

a) sabe escrever parte do seu nome;
b) reproduz traços típicos da escrita manuscrita/cursiva;
c) utiliza um símbolo para cada sílaba sonora e um para cada palavra da frase.

Na palavra monossílaba (rã), escreveu um símbolo, parou, pensou e acrescentou mais um, aparentando um conflito cognitivo entre a possibilidade de "ler ou não ler" algo escrito com apenas um símbolo.

Essa lista de saberes sobre a escrita foi diagnosticada por meio das produções elaboradas por cada um dos sujeitos, articulada ao conhecimento teórico sobre a psicogênese da língua escrita (Ferreiro; Teberosky, 1985).

Essas informações sobre os saberes desses alunos fazem pensar:

a) Para que servem esses saberes?
b) Como podem esses saberes, que cada aluno traz consigo, contribuir para a prática pedagógica alfabetizadora?
c) O que se faz com essas informações, depois de coletá-las?
d) Como realizar uma investigação sobre os saberes construídos pelos alunos:
   • de modo válido;
   • de modo confiável;
   • de modo producente?

Não existe apenas um modo de resolver essas questões, mas, até que se avance na convivência com essa proposta de alfabetização de jovens e adultos, desenvolvendo e utilizando outras estratégias, pode-se reproduzir o que foi utilizado anteriormente e que resultou em informações confiáveis cientificamente.

Ferreiro e Teberosky (1985), com base no método clínico de Piaget, elaboraram uma entrevista cognitiva com o objetivo de investigar os saberes já construídos sobre a escrita, em que o aluno era solicitado a escrever quatro palavras e uma frase. Não quaisquer palavras e nem qualquer frase.

Conseguir proceder ao diagnóstico do conhecimento prévio de modo complexo e sistemático requer, por parte de muitos professores, desconstrução/reconstrução de suas formas de atuar, de seus saberes e de seus olhares. É importante, por isso, desencadear o processo de diagnosticar. Ao fazer isso, cada professor poderá:

a) usar os saberes detectados nos alunos nos planejamentos e intervenções;

b) ir vivenciando a importância desses detalhes para uma prática alfabetizadora de qualidade, para conseguir valorizar a importância de aprimorar esse diagnóstico.

Para desencadear esse diagnóstico inicial, algumas condições precisam ser consideradas e algumas estratégias precisam ser desenvolvidas, por exemplo, as que se seguem:

Condição 1: A entrevista precisa ser individual

Sempre que possível, agendar com os alunos, na semana anterior ao início das aulas, encontros individuais com hora marcada para realizar a entrevista individual. Se não for possível, quando as aulas iniciarem, após a realização:

a) da apresentação dos alunos e da professora;

b) da construção do contrato pedagógico;

c) da explicitação do que é aprender, ensinar, ler e escrever;

avisar que haverá uma entrevista individual com os alunos.

Explicar, então, que essa entrevista é para investigar o que cada um já sabe sobre a escrita e que, enquanto isto for realizado com cada aluno individualmente, os outros irão desenvolver outra atividade planejada em grupos.

Detalhes importantes

a) explicitar claramente o que vão fazer (entrevista) e para que (investigar o que sabem sobre a escrita, porque todos sabem alguma coisa);

b) planejar atividades concretas para os que não serão entrevistados naquele dia (a outra tarefa proposta precisa ter sentido e significado);

c) organizar rapidamente, no final da aula, a lista dos próximos entrevistados e divulgá-la antes de os alunos saírem, de modo que possam saber de antemão que serão entrevistados no próximo encontro.

Condição 2: Construir um contrato pedagógico para a realização da entrevista

O contrato pedagógico é um acordo mútuo, realizado com cada aluno antes de iniciar a entrevista individual. Nesse contrato, que é também a conversa inicial que vai desencadear cada entrevista individual, é necessário que a professora:

a) demonstre que sabe que os alunos não sabem escrever convencionalmente e que, por isso, estão ali;

b) aposte em cada um de seus alunos, porque sabe que eles são sujeitos inteligentes, que pensam, que constroem hipóteses;

c) combine que os alunos não podem dizer "não sei", "não consigo" e nem perguntar para a professora como se escreve. Eles precisam escrever como pensam que se escreve o que for solicitado e da melhor forma que puderem;

d) informe que ela poderá eventualmente, enquanto eles estiverem escrevendo, fazer anotações em seu caderno, a fim de não esquecer alguns detalhes importantes que possa ter percebido na entrevista;

e) pergunte aos alunos: "estamos combinados?";
f) escute a resposta de cada aluno individualmente;
g) esclareça eventuais dúvidas, se ocorrerem.

Condição 3: Material necessário

Lápis preto (não caneta), borracha (concretizando a possibilidade de apagar) e folha sem pauta.

A entrevista

Após serem atendidas todas as condições descritas acima, iniciar a entrevista pedindo que o aluno escreva seu nome na folha. "Todo?", perguntam geralmente. "Como quiserem", respondem as professoras.

A seguir, deve ser solicitado ao alfabetizando que escreva quatro palavras, do mesmo grupo semântico (animais, flores, coisas relacionadas à sala de aula), na seguinte ordem (Ferreiro; Teberosky, 1985):

1º) Uma palavra dissílaba → Exemplo: aula.
2º) Uma palavra trissílaba → Exemplo: caderno.
3º) Uma palavra polissílaba → Exemplo: professora.
4º) Uma palavra monossílaba → Exemplo: giz.

Feito isso, o professor deverá ditar uma frase em que esteja incluída a mesma palavra dissílaba escolhida acima. Por exemplo: "A aula é amanhã".

Detalhes importantes

É de extrema importância seguir a ordem das palavras e ditar a frase. O professor não pode solicitar que os alunos elaborem a frase, uma vez que, conforme a solicitação, esquemas de pensamento diferentes são demandados.

Hoje, sabe-se, graças às pesquisas científicas sobre o cérebro, que cada solicitação mobiliza diferentes operações mentais, daí a importância de os professores ditarem a frase. Isso vai exigir que os alunos pensem em *como* escrever o que foi solicitado.

Já se a solicitação for para que elaborem e escrevam qualquer frase com a palavra aula, os alunos precisarão pensar em duas coisas: *o quê* escrever e *como* escrever.

Como nessa atividade o objetivo é saber o que cada um sabe sobre a escrita, o professor deverá priorizar uma estratégia na qual eles possam canalizar toda a energia para pensar em *como* escrever.

A essa altura, pode ser que alguém esteja se perguntando os motivos de se estar detalhando tanto o modo de fazer a entrevista. É porque *um diagnóstico, para ser válido, confiável e produtivo, precisa ser sistemático*. Daí a importância de se descrever detalhada e sistematicamente como fazer. Cada uma das ações descritas tem razões importantes de assim serem.

Depois de realizado o diagnóstico, deve-se partir para a análise e a organização produtiva das informações, que pode ser a elaboração de uma folha de acompanhamento com os seguintes dados:

Nome	Março	Abril	Maio	Junho	Julho...
Beltrano	Sabe escrever o nome				
	Conhece as Letras				
	Hipótese silábica				
Fulano...					

Para a realização da análise do conhecimento prévio dos alfabetizandos, no âmbito da teoria antropossociopsicogenética (Piaget, Vygotsky, Wallon, Freire e Geempa), é importante considerar que as hipóteses que os sujeitos constroem sobre o sistema da escrita caracterizam-se por modos de diferenciação tanto dos aspectos qualitativos quanto dos quantitativos.

Sem a intenção de aprofundar esse tema, é importante considerar que são possíveis de serem percebidos três períodos distintos nessa trajetória de diferenciação, quais sejam:

a) um em que o sujeito consegue diferenciar o sistema de representação da escrita de outros sistemas (desenho, números);

b) outro em que o sujeito percebe diferenciações dentro do próprio sistema de escrita (para escrever palavras diferentes é preciso usar letras e/ou símbolos diferentes, por exemplo);

c) um terceiro período em que o alfabetizando diferencia as escritas, relacionando-as com a pauta sonora.

Sendo assim, observa-se que as hipóteses construídas pelos alunos se referem tanto a questões qualitativas (Com o que se escreve? Com quais letras? Em que ordem?) como a questões quantitativas (com quantas letras/símbolos?). Portanto, para analisar os escritos realizados na entrevista cognitiva, precisa-se buscar pistas, indícios do modo como os alunos pensam tanto a qualidade quanto a quantidade, como foi feito nos exemplos de escrita de Marina, Jildete e João.

É importante destacar alguns indícios e pistas. Podemos sistematizá-los por meio dos seguintes questionamentos:

a) Escreve seu nome de modo convencional ou faltam letras?

b) Escreve com letras?

c) Para palavras diferentes utiliza algum modo de diferenciação das letras utilizadas?

d) Quais letras utiliza? Estabelece vínculo sonoro?
e) Faz alguma relação da escrita da palavra com o tamanho do objeto? Para tanto utiliza um número maior ou menor de letras?
f) Na palavra monossílaba, quantas letras utiliza?
g) Mantém estável, na frase, a escrita da palavra dissílaba?
h) E as outras palavras da frase, como escreveu?

Esse tipo de análise inicial enfoca especialmente os aspectos qualitativos e quantitativos da escrita, e é indispensável para o planejamento das estratégias de ensino para esse grupo de alunos. No entanto, o diagnóstico e a análise devem ser processuais, precisam acontecer e avançar sistematicamente ao longo do desenvolvimento das aulas. Como organizar processualmente as informações coletadas de modo produtivo, que permita acompanhar e avaliar o todo de cada sujeito? Pode-se elaborar um quadro, como o a seguir:

Nome	Entrevista inicial Data	Escreve nome	Escreve com letras	Palavras ≠ Letras ≠	Vínculo sonoro?	Quantas letras? ...

É um detalhe importante que o professor tenha clareza de que realiza esse diagnóstico dos conhecimentos prévios *não* para classificar o aluno em níveis de acordo com a psicogênese da escrita (Ferreiro; Teberosky, 1985) ou como pré-silábico, silábico ou alfabético, *mas para identificar os conhecimentos que cada um traz sobre a escrita.* É isso que vai possibilitar o planejamento das ações intencionais e efetivas para que o conhecimento de cada um possa, efetivamente, avançar.

O conhecimento teórico da psicogênese da língua escrita é importante, e seu estudo e aprofundamento devem ser buscados, mas sua nomenclatura e a consequente classificação dos alunos em uma delas não é prioridade para o diagnóstico dos conhecimentos prévios dos alunos.

O que é, sim, prioritário (e indispensável) é manter um acompanhamento sistemático (e não burocrático) do avanço das hipóteses dos alunos. Esses avanços *não são* questões de tempo ou de ritmo, mas questões de didática (Grossi, 1998; Schwartz, 2009), de intervenções docentes que vão ao encontro dos conhecimentos já construídos.

E, depois de realizado o diagnóstico, organizada uma maneira pessoal de manter um acompanhamento avaliativo sistemático dos avanços construídos, qual o próximo invariante didático a considerar?

Invariante didático 2
A constituição do grupo –
Apresentações + crachás + chamada

Outro invariante didático é a constituição do grupo. O trabalho em alfabetização, com significado, precisa ser coerente com o pressuposto de que a aprendizagem é complexa, ou seja, que, além de ler e escrever as letras, palavras e textos, o sujeito aprenda a ler o mundo e faça uso efetivo dessa aprendizagem para contribuir na qualidade da vida.

Um grupo pode ser conceituado um conjunto de pessoas reunidas na mesma hora e local com objetivo comum (Pichon-Rivière, 1996). Por que se pode afirmar que a constituição do grupo é um invariante didático que precisa ser considerado, planejado, desenvolvido em qualquer situação de ensino e de aprendizagem constante? Porque para ensinar e aprender:

a) é importante a clareza de ações e intenções nesse espaço;
b) os sujeitos precisam se sentir acolhidos e pertencentes ao grupo;
c) é preciso articular prazer com ensinar e aprender e, aqui, os sentimentos de acolhimento e pertença são indícios de que situações prazerosas estão acontecendo;
d) quando o sujeito se sente acolhido e pertencente àquele espaço, ele se compromete com o grupo no qual se sente assim, valoriza os sujeitos que dele fazem parte, preocupa-se e se envolve com eles.

Esses são alguns dos motivos que fazem da constituição do grupo um invariante didático.

Como um grupo se constitui?

Segundo M. Freire (1996), um grupo se constrói na constância da presença de seus elementos, na constância da rotina e de suas atividades; na organização sistematizada de encaminhamentos; no espaço heterogêneo das diferenças de cada um dos participantes, enfrentando o medo que o diferente, o novo, provoca – educando o risco de ousar. Na cumplicidade do riso, da raiva, do choro, do medo, do ódio, da felicidade e do prazer.

Um grupo, por outro lado, não se constrói em um dia, nem com base apenas na boa vontade e na simpatia do professor, nem a partir de um horário e de um planejamento meticuloso.

É preciso saber dar tempo e oportunizar condições adequadas para que os afetos, os costumes, os espaços, o trabalho em comum vão se produzindo, executando, imbricando, unindo-se.

E, quando formarem uma trama móvel, flexível e vital, poder-se-á ir percebendo e acompanhando a constituição de um grupo com suas tensões, com suas características próprias, com seu modo de vivenciar conflitos e soluções, limites e possibilidades.

Para que o grupo se constitua como o encontro sistemático de sujeitos, em uma mesma hora e local, com objetivos semelhantes, o professor precisa planejar e oportunizar a construção de um clima propício para que o aluno possa:

a) participar das vivências em sala de aula;

b) expor seus pensamentos e suas hipóteses;

c) interagir;

d) discutir ideias, elaborando argumentos.

Para constituir o grupo, "a paixão pessoal não basta. Se o professor não for capaz de estabelecer uma cumplicidade e uma solidariedade na busca do conhecimento" (Perrenoud, 2000, p. 38) nada acontecerá. O aluno precisa sentir que o professor é verossímil, que confia nos alunos, que é cúmplice e solidário. Esses sentimentos – confiança, cumplicidade, solidariedade – podem funcionar como amálgama para o grupo e precisam ser construídos e retroalimentados em cada encontro.

Segundo Fernandez (1998, p. 27), os cursos de formação de professores deveriam trabalhar com mais profundidade as questões relacionadas às dinâmicas de grupo: "Os aspectos subjetivos deveriam ocupar mais da metade do tempo posto na formação de professores, e menos da metade do tempo deveria ser ocupado mais particularmente com os conteúdos".

Nessas palavras de Fernandez podem-se perceber as relações e a consequente importância de planejar ações intencionais tanto para a constituição do grupo quanto para a qualidade dos processos de ensino e aprendizagem.

O alfabetizador precisa estar atento a esse aspecto e procurar contribuir para o estabelecimento de um grupo, no qual sejam expressas e acolhidas as hipóteses dos alunos e em que estes possam socializar seus saberes e expor suas dúvidas e seus questionamentos. O clima da sala, sendo de acolhimento e de pertencimento, é fator decisivo para a permanência e produção de conhecimento.

Os alfabetizandos jovens e adultos, ao retornarem à escola, fazem-no geralmente em busca de uma aprendizagem que não conseguiram construir em outros momentos de suas vidas. Nessa experiência encontram também vivências sociais imbricadas na sala de aula. A constituição de um grupo de convivência em que, além de aprendizagens, possam interagir socialmente, sentindo-se pertencentes e acolhidos, é um fator que pode contribuir para sua permanência ou para a evasão.

O grupo precisa, de tal forma, estar sincronizado para que, quando ocorrer uma evasão "inevitável", seus componentes possam discutir essa perda. E, ao discuti-la, deverão arregimentar forças para manter-se na escola. Permanecer é importante porque significa vencer os desafios, perceber-se como sujeito capaz, conforme aprofundado no capítulo 1.

Grupo, portanto, para ser grupo, precisa de coordenação. Um grupo exige como ingrediente básico para existir uma autoridade que assuma a coordenação das autoridades de cada um.

No caso de uma classe de alfabetização de jovens e adultos, a autoridade que coordena as estratégias de ensino e de aprendizagem é o professor.

Autoridade tem a ver com autoria e, num grupo, todos precisam ser coautores de seu trabalho. Autoridade é diferente de autoritarismo, pois este não considera as autoridades dos outros.

Nesse sentido, se um membro do grupo não considerar nem a autoridade do coordenador nem a dos outros integrantes, ele será autoritário, já que quebrará as combinações do contrato pedagógico estabelecido com a participação de todos. Se o grupo combinar que ninguém:

a) pode faltar às aulas sem ter um motivo muito grave;
b) pode deixar de fazer a lição de casa sozinho, sem o auxílio de ninguém;
c) pode dizer "não sei";

essas são regras que deverão ser cumpridas à risca pelos integrantes, e quem descumpri-las estará sendo autoritário, já que a autoridade é constituída por todo o grupo; enquanto cada um exerce sua autoridade-autoria na realização comum, a aprendizagem da leitura e da escrita, e da leitura de mundo (Freire, M., 1996).

Em uma concepção autoritária de ensino e de aprendizagem, o poder é usado para oprimir, calar; porém, o contrário, a ausência da autoridade, leva ao abandono.

Uma concepção falsa, com ausência de autoridade, deixa o trabalho sem rumo, sem direção, o que pode ser origem de uma forte tirania, a tirania da não aprendizagem.

Por outro lado, o aprendiz que se omite, não se expressa, não realiza o seu trabalho, não faz as combinações também está sendo autoritário. "*A maior marca do autoritarismo é se omitir de sua parcela de trabalho. Não fazer a sua parte, combinada no grupo, é truncar o produto comum*" (Freire, M., 2003).

A autoridade da coordenação de um grupo deve ser permanente, assumindo a condução dos encaminhamentos do trabalho, a organização de seus participantes, o estabelecimento de rotinas. A reunião de um grupo de trabalho é o seu "posto de abastecimento", nesse caso, as aulas.

A autoridade é construída no exercício das atividades do grupo, na constância da participação, na presença de todos, todos os dias marcados para isso, sobretudo nos primeiros tempos de estruturação do grupo. Por isso, é tão importante a combinação de não faltar às aulas e, nesses primeiros tempos, é preciso haver rigidez quanto às exigências para que o grupo se estruture como um corpo que possa ser simbolizado por cada participante.

Uma estratégia didática inicial para a constituição do grupo em sala de aula seria no primeiro dia de aula planejar uma dinâmica de apresentação pessoal de todos, sugerindo, por exemplo, que um aluno entreviste o outro, que pergunte sobre questões básicas, como o nome e as expectativas com as aulas, ou o que desejar perguntar.

A seguir, cada um apresentaria o colega entrevistado, e o professor se apresentaria no final, procedendo a entrega solene (Geempa, 1997) dos crachás.

O uso cotidiano de crachás serve para memorizar o nome de todos por todos e, principalmente, para que, quando interagirem, eles utilizem esse saber e o usem também na escrita de novas palavras.

Detalhe importante: se e quando entrarem novos alunos nesse grupo, estes também deverão proceder a algum tipo de apresentação, e o professor deverá fazer um resumo de como iniciaram os trabalhos, de como o contrato foi estabelecido etc.

Outra estratégia que contribui para a constituição do grupo é a chamada diária utilizada como instrumento pedagógico, não como um instrumento burocrático (registro mecânico da presença ou da falta).

Desenvolvendo a rotina diária, na hora da chamada o professor pode aproveitar para sinalizar ao grupo que percebe e, principalmente, *lamenta* se alguém não comparecer. Ao chamar o nome de alguém e perceber que a pessoa não está, o professor precisa questionar: "Como, o fulano não veio?! O que será que aconteceu?! Quem mora perto do fulano? Quem pode descobrir o que houve? Só pode ter acontecido algo, pois combinamos que ninguém faltaria [...]".

Ao ter tal conduta, o professor explicitará a falta que qualquer um faz no grupo e valorizará a presença de todos.

Uma aprendizagem importante a ser construída na sala de aula de alfabetização de jovens e adultos é a de ouvir uns aos outros, não apenas o professor.

Quando só a fala do professor é valorizada, fica implícita (ou será explícita?) que a concepção de aprendizagem do professor é aquela em que ele é o único detentor do saber. Apenas o que ele fala vale a pena escutar, e isso também precisa ser desconstruído, porque é na interação das diferenças que se aprende.

Enquanto o professor planeja, diariamente, pensando em oportunizar que os alunos

a) falem;

b) exercitem sua autoria;

c) contem o que fazem;

d) contem como fazem;

e) expliquem como interpretam a realidade;

f) interajam uns com os outros como um todo que percebe que pode aprender com as ideias e as experiências dos outros;

ele contribuirá para que, na interação com os diferentes saberes trazidos por cada um, haja um avanço de todos. É assim que o professor contribuirá para que todos, sem exceção, tenham a consciência de que estão avançando em uma reconstrução coletiva do conhecimento.

Para que esse cenário assim descrito funcione, ele deve priorizar a escuta. Ouvir o outro e a si mesmo é um dos atos mais generosos que o ser humano pode aprender a fazer, pois geralmente se ouve o que se quer ou pode, e não necessariamente o que está sendo dito. E, sendo a relação pedagógica estabelecida principalmente por meio da linguagem como fala, a teoria e a prática pedagógicas devem compartilhar esses efeitos da linguagem como discurso em estruturação (Mrech, 2002).

Alfabetização é um processo que envolve a relação do individual com o social para o desenvolvimento de estruturas de pensamento, e que permite a compreensão de que a linguagem escrita tem sua origem nas relações do sujeito com os outros e com o contexto.

O ser humano, desde que nasce, está em interação com seu grupo social, inserido em determinada cultura, e esta está impregnada de elementos dos quais vai se apropriando e que vai internalizando.

Assim, os diferentes contextos sociais e as possibilidades de interação propiciam processos diferenciados de aprendizagem e de formas de pensamento. Nesse sentido, a constituição do grupo da sala de aula e mesmo o trabalho em pequenos grupos, que precisa seguir os pressupostos explicitados para o grande grupo, são invariantes didáticos necessários para que as aprendizagens sejam construídas.

Outro invariante didático que precisa ser considerado em todos os processos de ensino e aprendizagem, e que também contribui para a constituição do grupo, é a construção do contrato pedagógico.

Invariante didático 3
Construção do contrato pedagógico

Existe um ditado popular que diz que "o combinado não sai caro". Contratos – mesmo que implícitos – são feitos em vários momentos da vida.

Contrato pedagógico é um acordo mútuo e explícito entre o professor e os alunos. É construído no primeiro dia de aula e tem como objetivos principais: explicitar (pois diante do explícito é possível), dialogar, organizar e esclarecer:

a) o que as pessoas vieram fazer naquele espaço;
b) como pretendem desenvolver os trabalhos, a fim de que todos possam alcançar o objetivo de aprender a ler e a escrever;
c) para o que pode servir essa aprendizagem.

Ao explicitar essas questões, pretende-se anular qualquer nicho de ansiedade que a novidade e o desconhecimento da situação do primeiro dia de aula possam sugerir. É preciso considerar que a carga afetiva investida nas metas e nos objetivos a que os sujeitos se propõem pode contribuir ou inibir o seu crescimento intelectual e emocional, dependendo de como for trabalhada.

O contrato pedagógico, dependendo de como é direcionado, oportuniza que os sujeitos falem, participem, sugiram, explicitem suas expectativas, seus medos e representação social já construídos, preconcebidos sobre o funcionamento dos espaços destinados ao ensino e à aprendizagem da leitura e da escrita.

Construir um contrato pedagógico é muito diferente de estabelecer regras de convivência. É *estratégia democrática* de organização dos procedimentos, de esclarecimento do que cada um espera no encontro. É diminuir ansiedades inerentes a não saber o que vai acontecer, e é também uma importante estratégia de dar voz aos sujeitos.

Sua construção oportuniza a participação ativa dos sujeitos envolvidos e demonstra que o que se está fazendo ali, mediado pela ação pedagógica, é uma ação grupal, que não pode acontecer sem a participação de todos, que precisam ser ouvidos e valorizados.

É preciso trabalhar estas questões. Desencadear um pacto de confiança entre professor e aluno. "Quando se estabelece um contrato entre o professor e a turma, os estudantes deixam de ser apenas aqueles que estão destinados a obedecer, mas se tornam semelhantes em direitos e deveres" (Francisco, 2004).

Quando o aluno jovem ou adulto retorna à sala de aula, provavelmente está esperando que lá se repitam situações conhecidas. Espera que todos se sentem em fila, uns atrás dos outros, que o professor vá escrever no quadro e que ele precise copiar muitas vezes para aprender.

Se o professor pretende modificar essas ações, ele precisa reconhecer a necessidade de dialogar com o grupo sobre o que, para o que, por que e como vai mudar.

Um momento adequado para iniciar esses esclarecimentos seria o primeiro dia de aula, ocasião mágica de convite de jovens e adultos para a inserção no mundo da cultura escrita.

Muitas vezes, apenas o bom-senso e a experiência não são suficientes para auxiliar na tarefa de iniciar o trabalho em sala de aula. É hora de ultrapassar as aparências, as representações simbólicas e dizer a que se veio.

Sempre que se conhece alguém, é interessante conhecer sua trajetória de vida. Por isso, o professor pode aproveitar o início das atividades para oportunizar o relato dessas histórias, tanto a dele quanto a dos alunos. Poderão fazer parte dessas histórias:

a) as realizações;

b) os fracassos;

c) as expectativas;

d) as metas.

Ninguém precisa falar sobre suas histórias íntimas, mas sobre as aprendizagens que adquiriu na vida para poder sobreviver. Isso envolve:

a) as aquisições culturais de cada um;

b) o que impediu alguém de frequentar a escola na idade certa;

c) o que levou as pessoas a desistirem de suas aprendizagens formais.

Essa é a hora, portanto, de o professor:

a) estimular seus alunos para a aprendizagem;

b) estabelecer um plano contratual;

c) organizar conjuntamente as rotinas de trabalho (o que será feito?) e de ações (como será feito?) na sala de aula.

Detalhe importante: não se trata de fixar regras, nem de estabelecer uma lista de mandamentos do que pode ser feito ou não. Nesse espaço, quando as histórias individuais e coletivas vão se entrelaçando, o contrato pedagógico irá se estruturar, bem como:

a) o respeito mútuo;

b) o exercício livre do pensar;

c) a alegria de interagir nas aulas;

d) a satisfação de delinear juntos o caminho a ser percorrido;

e) o prazer de saber como será esse caminho;

f) a consciência do para que serve esse caminho.

Haverá, por isso, muitas vezes, a necessidade de recordar ou mesmo reformular os acordos estabelecidos. Isso é essencial já que, sabe-se, por meio da prática, que "os alunos só assumem a própria aprendizagem quando lhes é dada a oportunidade de uma participação ativa" (Baptista, 2004).

Contratos pedagógicos são maneiras explícitas de ritualizar o trabalho na sala de aula, são estratégias de consagração dos diferentes papéis de professor e aluno – esses protagonistas do mundo das ideias e seu encantamento, que ainda poucos conhecem (Aquino, 2002).

Diante do item do contrato referente ao que os alunos vieram fazer ali, é preciso que o professor tenha claro que a representação social que permeia o ideário da maioria desses alunos corresponde àquela ideia de escola na qual todos se sentam um atrás do outro, a interação não é permitida, sendo até reprimida, e todos precisam obedecer ao mestre.

Como desconstruir isso?

Se o professor acredita que para aprender é preciso haver interação e que:

a) "todo conhecimento é conhecimento do outro", como diz Pain (1999, p. 163);

b) só ensina quem aprende;

c) aprender não é copiar, repetir e memorizar;

ele precisará deixar clara essa convicção, explicando que antigamente a escola era assim, mas que os cientistas voltados para as ciências da educação estudaram esse fenômeno profundamente e concluíram que aquela escola que está introjetada no inconsciente coletivo pertence a outro momento histórico, a outro contexto, a outros usos da escrita e da leitura.

Foi preciso mudar o jeito de ensinar para se poder acompanhar o conhecimento científico e as modificações inerentes às funções sociais da escrita.

Se o professor reconhece a escrita de maneira complexa, como a representação da linguagem, ele precisa explicar aos seus alunos que se aprende a nadar, nadando; a falar, falando; assim também se aprende a ler e a escrever, lendo e escrevendo, pensando, estabelecendo relações, construindo e testando hipóteses.

É importante lembrar ainda que um dos itens principais desse contrato é o de não se poder dizer não: "Não sei", "Não consigo", "Não aprendi isto". Essas expressões não podem fazer parte daquele espaço de ensino e de aprendizagem. É preciso que todos utilizem o que já sabem para:

a) aprender mais;
b) mostrar:
- o que pensam;
- como pensam;

e, por isso, não podem dizer que não sabem, mas que estão ali para aprender.

É preciso, portanto, explicitar que aquele espaço tem por objetivo aprender a ler e a escrever, mesmo que eles não tenham ali chegado assim. Não é prejudicial se uns sabem alguma coisa, outros sabem outras, porque todos trazem seus saberes. Saberes diferentes, mas saberes, e é nessa troca de informações, é nessa interação entre os saberes e no confronto com a realidade que todos irão atingir o objetivo de aprender a ler e a escrever compreensivamente.

Isso encaminha para o outro item a ser explicitado no contrato: "errar não é feio, não tem consequências desagradáveis". O errar faz parte do processo de aprender/ensinar. Para aprender é preciso errar.

Erro é uma hipótese incompleta sobre algum conhecimento, mas todo o erro é construtivo, se construtiva for a intervenção do professor (Abrahão *et al.*, 2004). E, por isso, não se deve ter vergonha de falar, de perguntar, de mostrar que se é incompleto, já que o que se quer é buscar uma satisfação para essa incompletude.

É preciso sempre lembrar que é ao longo da vida que se vai aprendendo, pois aprender é um processo. É como seguir um rio, desde a sua nascente até seu desaguadouro no mar. Nesse processo, o sujeito vai conhecendo diferentes portadores de textos, diferentes linguagens, de modo que a alfabetização nunca estará completa.

O importante é aprender a pensar. Pensar é bom e necessário para aprender. Então, outra questão que precisa mudar é a visão que se tem de erro. Quem tem vergonha de errar é quem pensa ou quer que os outros pensem que ele sabe tudo. E assim como não se ignora tudo, não é possível alguém saber tudo sobre alguma coisa.

Em uma perspectiva complexa de ação e reflexão sobre os processos de ensino e de aprendizagem, o erro, como hipótese que expressa a tentativa de solução de um determinado problema por parte do sujeito, precisa ser considerado parte preciosa de um processo cognoscível, o qual conduz, necessariamente, a uma nova organização que pode garantir ao sujeito o movimento de (re)construção, buscando justamente o "pensar" e não "o acertar a resposta".

A associação do erro com algo que deve ser combatido dificulta a compreensão de que "a vida comporta também processos de utilização do erro, não só para corrigir seus próprios erros, mas também para favorecer o aparecimento da diversidade e a possibilidade de evolução" (Morin, 1996, p. 143).

Em classes de alfabetização do Ensino Fundamental, frequentemente, as professoras perguntam às crianças no início do ano: "O que vocês vieram fazer aqui?", e elas, geralmente, respondem em coro: "Aprender a ler e a escrever".

Essa resposta satisfaz a professora na maioria das vezes, mas não deveria. Ela deveria avançar e continuar a investigação das expectativas de seus alunos, perguntando: "Mas e o que é ler e escrever?" Quando isso é feito, as respostas são muito surpreendentes.

A autora deste livro, ao fazê-lo, recebeu respostas como as seguintes:

a) "Não sei o que é, professora, mas meu irmão disse que é horrível aprender a ler e a escrever! A gente não pode fazer nada, não pode falar, não pode ir ao banheiro, não pode tomar água, tem que copiar rápido do quadro senão a professora apaga, e não pode perguntar fora de hora."

b) "Não sei o que é ler nem escrever, mas meu pai disse que, se eu não aprender, apanho!"

c) "Não sei o que é, mas minha irmã está tentando aprender isto há três anos. Minha mãe diz que ela é burra, igual a ela, por isso não aprende, mas eu, que sou homem, vou aprender."

Esses mesmos sentimentos e indefinições, essa falta de clareza de significado dessa aprendizagem que está na expectativa das crianças, pode também permear as classes de alfabetização de jovens e adultos.

A essas questões acima relatadas pode-se denominar de "o óbvio na relação pedagógica". É preciso perceber, entretanto, que o óbvio é relativo, já que o que é óbvio para uns não o é para outros, uma vez que ele está diretamente vinculado às vivências, às interações que cada sujeito tem com o mundo e com os conhecimentos socialmente construídos nele.

Assim, se para algum professor as perguntas "A que viemos?" e "O que é ler e escrever?" parecem ser óbvias, elas não são. Para muitos alfabetizandos jovens e adultos, elas são assustadoras, pois muitas vezes eles já estão, há muito tempo, tentando aprender em uma cultura escrita. O tempo já os fez desenvolverem estratégias de solução de problemas para nela sobreviver sem ter a habilidade para lidar com ela.

Retomando-se as respostas dadas pelas crianças, pode-se observar que, em seus conteúdos, há um grau de expectativa enorme. Há nelas o medo do desconhecido, o medo da dificuldade dessa aprendizagem, o medo do que essa não aprendizagem significa. Outros tantos nichos de ansiedades podem ser percebidos na fala daqueles alunos e em suas atitudes corporais. O mesmo também pode ser percebido entre os jovens e adultos, quando eles chegam às classes de alfabetização. Em geral, apresentam-se encolhidos, cabisbaixos, passivos.

Cabe ao professor fazer a ruptura do medo, resgatando, no item do contrato pedagógico, o ideário, a partir das representações simbólicas dos alunos sobre como são as aulas de alfabetização.

Geralmente, o que eles e elas esperam é a reprodução de uma situação de aprendizagem já conhecida e na qual fracassaram. Essas pessoas devem ser apresentadas à lógica coerente das descobertas científicas do como as pessoas aprendem a ler e a escrever (Ferreiro; Teberosky, 1985). Isso significa mudança no modo de olhar e de trabalhar a questão da alfabetização. Ditados e cópias exaustivas não fazem parte disso.

É preciso explicitar que se acredita que se aprende a ler e a escrever pensando sobre a escrita e a leitura. Pensamentos, tais como: "Com que se escreve? Com quantas letras? Com quais letras? Com que letra inicia a palavra? O que é palavra? Com que letra termina? Que outras palavras conhecem que começam pelo mesmo som?", é que são inerentes a essa concepção de ensino e de aprendizagem.

O professor precisa esclarecer que a rotina não rotineira (Freire, M., 2003) que será estabelecida em sala de aula não será a reprodução daquela representação simbólica que a maioria dos alunos traz introjetada, mas que o aprender está também embasado na articulação do prazer com o aprender. E, se assim é, essa articulação precisa fazer parte da sala de aula de alfabetização.

Quando um bebê aprende a falar, seus pais não lhe dizem: "Hoje você só falará palavras que começam com a letra A!" Quando se aprende a escrever, também não é assim. É preciso aprender a ler e a escrever, lendo e escrevendo o mundo, lendo os portadores de texto que estão no mundo, e não textos especialmente escritos para privilegiar a aprendizagem de uma letra ou outra, ou de uma "dificuldade ortográfica" ou outra.

Finalmente, é também objetivo do contrato explicitar para que se aprende a ler e a escrever. Os motivos inicialmente explicitados por alunos têm sido: "aprender para reconhecer o nome dos ônibus; para ler a Bíblia; para assinar o nome nos documentos e não precisar mais 'sujar o dedão'; para poder tirar carteira de motorista; para conseguir um emprego melhor".

Numa concepção complexa da alfabetização, essas seriam habilidades, na sua maioria, bem "fáceis" de serem atendidas. Porém, o que não se pode esquecer é que esses alunos vêm em busca de uma aprendizagem que a sociedade lhes tem cobrado ao longo da vida e que, pela falta dela, os têm excluído, diferenciado, acusado de "não serem capazes".

Nesse sentido, o "para quê" aprender a ler e a escrever precisa abandonar as concepções simplificadoras da escrita e da leitura a fim de avançar para a complexidade desse fenômeno. Mudar da condição de analfabeto para a de alfabetizado traz consequências inerentes a essa mudança. Consequências previsíveis e imprevisíveis, que precisam ser consideradas para que se possa seduzir e significar para o alfabetizando o para quê deve aprender a ler e a escrever.

Mesmo que, num primeiro momento, os relatos dos alunos não reflitam isso, que suas expectativas pareçam não incluir a esperança do sucesso, é preciso perceber que essa esperança existe, pois não foi fácil chegar ou retornar à sala de aula, mas ali eles chegaram e estão.

Em relação à alfabetização é preciso ainda lembrar que aprender a ler e a escrever é a porta de entrada para a cidadania consciente, mas será que esses alunos têm ideia do que seja cidadania e do que seja consciente?

Talvez não. Assim sendo, tornar-se-á necessário levar essa discussão para a sala de aula. Também os conceitos de direitos, deveres, justiça, injustiça, igualdade, desigualdade, que dizem respeito ao ser cidadão, precisarão permear as aprendizagens. Isso é fundamental para inserir os alunos no mundo letrado.

Para fazê-lo, o professor deverá deixar claro para seus alunos que as aulas não terão uma cartilha, mas jornais, livros, revistas. Dirá também que haverá idas ao cinema, ao teatro, ao futebol, a exposições de arte, a feiras.

Isso deverá ser explicado ao aluno, já que aprender a ler e a escrever é saber se apropriar, é saber vivenciar, é saber manifestar-se em relação a toda a cultura escrita.

O professor deverá dizer a seus alunos que é assim que eles deixarão de olhar o mundo pelo buraco da fechadura. Mostrará a eles que, na medida em que se lê compreensivamente, aprende-se a ver a partir de um amplo horizonte, e que esse ver longe muda também o modo como cada pessoa vai encarar a sua própria vida.

A partir da compreensão de que existem múltiplos itinerários para construir conhecimento, deve-se abandonar aquela visão simplificadora, na qual todos iniciam iguais e aprendem do mesmo modo. Naquela forma de trabalho pode-se perder-se de vista um número significativo de sujeitos.

É, portanto, indispensável que se substitua aquele contrato tácito, óbvio e único, que vinculava o professor a toda a classe, por contratos explícitos. Estes são:

a) mútuos;
b) inerentes às características do grupo;
c) comprometem todos os sujeitos nos processos de ensino e de aprendizagem;
d) explicitam o que se espera de cada um e com o que cada um poderá contar (Meirieu, 2005).

Portanto, a construção do contrato pedagógico claro e coerente é invariante didático em todas as situações que envolvam processos sistemáticos de ensino e de aprendizagem. É por isso que ele precisa ser realizado no primeiro dia de aula, junto com:

a) a apresentação dos alunos;
b) a apresentação do professor;
c) a distribuição dos crachás;
d) a resposta aos pelo menos três questionamentos básicos, quais sejam:
- O que viemos fazer aqui?
- Para que viemos aqui?
- Como serão os encontros?

Nos outros dias de aula, o contrato será elaborado especificamente, fazendo parte inicial da rotina não rotineira de toda aula, após a chamada significativa e a distribuição dos crachás, no sentido de esclarecer *o que* foi planejado para aquele encontro, *para quê* e *como* se pretende alcançar os objetivos.

As questões a serem atendidas nesse planejamento também podem ser consideradas um invariante didático.

Invariante didático 4
O planejamento didático – cinco questionamentos básicos

Em minha experiência em formação de professores alfabetizadores tenho percebido que, quando os futuros mestres são solicitados a planejar alguma situação didática, alguma aula, o primeiro pensamento deles é direcionado para *o que* vão fazer com os alunos. A atividade em si é para onde se direciona, canaliza-se a sua energia do pensamento criativo.

É preciso pensar sobre *o que* vamos fazer, sem dúvida. Porém, o que me preocupava é que, quando questionava qual aprendizagem pretendiam construir com a atividade, ficavam me olhando sem compreender exatamente minha pergunta. Como assim? O que queria dizer?

A aprendizagem desejada se refere a questões relacionadas a aspectos qualitativos da escrita? Quantitativos? Repertório das palavras memorizadas significativamente? Conhecimento de letras? Palavras? Características de diferentes tipos de textos? Que aprendizagem pretendem construir com os alunos?

Geralmente, nas aulas, quando essas perguntas são feitas aos futuros professores, eles ficam profundamente pensativos, como se nunca:

    a) houvessem tido a oportunidade de refletir criticamente sobre planejamento;

b) tivessem podido perceber antes que, para planejar, é preciso pensar em *o quê* (atividade), *para quem* (conhecimentos prévios), *para quê* (sentido da aprendizagem), *porquê* (significado da aprendizagem) e *como* (detalhamento das estratégias didáticas).

Afinal, o que é planejamento? Como registrar no planejamento a intencionalidade das ações? O trabalho didático é dinâmico, mas o planejamento é formal, limitado? Como delimitar as aprendizagens que se quer construir? O que priorizar? Quais são os detalhes importantes do planejamento?

É na intencionalidade do trabalho que reside a preocupação com o planejamento. O objetivo do professor-alfabetizador é que os alunos se transformem em usuários autônomos da língua escrita. Que sejam capazes de ler, compreender e produzir qualquer tipo de texto de que necessitarem e/ ou que desejarem.

O planejamento de uma aula para alunos em processo de alfabetização não pode ser confundido com um formulário preenchido formalmente com uma lista do que se pretende fazer. Ele deve ser assumido no cotidiano como um processo de reflexão crítica, pois mais do que um papel preenchido é "atitude e envolve todas as ações e situações do educador no cotidiano do seu trabalho pedagógico" (Funari, s.d. *apud* Ostetto, 2000).

Planejamento pedagógico é atitude crítica do professor diante do seu papel na sala de aula. Por isso é flexível, permitindo ser revisto, refeito na e depois da ação. Ele explicita as intenções do processo educativo, mas não pode ficar só nele.

Então como planejar? Para se falar sobre o modo de planejar é preciso considerar o conhecimento que se pretende construir, o que também demanda compreensão sobre os processos de ensino e de aprendizagem.

A forma de escrever o planejamento é subjetiva, ou seja, precisa atender as características de cada professor. Se ele necessita de tudo explicado, nos mínimos detalhes, assim procede. Se, ao contrário, uma lista dos tópicos do que pretende fazer é suficiente, este será o seu modo de planejar. "A questão não é a forma, mas os princípios que sustentam uma ou outra organização" (Ostetto, 2000, p. 178).

O modo como o planejamento vai ser desenvolvido vai depender das concepções de ensino, aprendizagem, alfabetização, aluno, professor, mundo. Por isso enfatizamos sempre a necessidade da clareza sobre elas.

O planejamento constitui a proposta de trabalho, por meio dele o professor tenta antecipar os recursos necessários para trabalhar a construção do conhecimento que deseja ensinar, como potencializará a interação, a participação de todos, que tipo de atividades proporá. O professor elabora atividades problemáticas interessantes, desafiadoras, prevê recursos materiais e de tempo para desenvolvê-las, modos de intervenção, e decide previamente as características do trabalho do grupo.

No processo de elaboração de planejamentos, o professor vai aprendendo a planejar, a refletir criticamente sobre o sentido e o significado das aprendizagens para aquele grupo específico de alunos. Para tal é preciso retirar o foco do "o quê" trabalhar e buscar responder as outras quatro questões básicas do planejamento didático, pois as ações e escolhas realizadas pelo professor têm implícitas crenças, convicções e princípios. É preciso ter clareza de quais são elas e analisar se são coerentes com o conhecimento que pretende construir, se são adequadas para aquele grupo de alunos, por que e finalmente como, que estratégias de ação utilizaremos para alcançá-las.

Uma situação de aula não tem início em si mesma, precisa estar articulada com o que vem sendo realizado até o momento e ficará aberta, flexível para o encaminhamento e a retomada de questões futuras. O professor não planeja tarefas isoladas, suas propostas estão direcionadas para a formação do leitor/escritor autônomo; sendo assim, a concepção de aprendizagem como processo está presente na organização da tarefa didática.

Outra ação do professor que tem consequências e traz mensagens implícitas é o modo de organizar o espaço físico da sala de aula. Esse é outro invariante didático que vamos abordar a seguir.

Invariante didático 5
Organização do espaço físico – Ambiente alfabetizador

"A forma como se organiza um espaço tem um código, que qualquer um pode ler [...] e se localizar – de modo claro – sobre a visão de mundo que seus habitantes possuem ou são levados ou induzidos a possuir" (Abramovich, 1985, p. 57). A maneira como se organiza a sala de aula também traz mensagens. Esperar a chegada dos alunos com as classes enfileiradas, uma a uma, contém, dentre outras, as mensagens de que:

a) a interação nesse espaço não é prioridade;
b) todos precisam olhar para a frente, a fim de não conversar com o colega;
c) o mais importante é ouvir o professor.

Quando se organiza a sala de aula inicialmente em semicírculo, em grupos, de modos diversificados, outras prioridades são sinalizadas, tais como a necessidade de:

a) ouvir o outro;
b) conhecer seus pensamentos;
c) socializar ideias;
d) interagir com diferentes hipóteses.

O modo de organizar as salas de aula reflete, assim, as concepções teóricas que embasam a prática do professor, mesmo que ele não tenha clareza delas.

A busca constante dessa clareza e da prática coerente com ela faz parte da lista de detalhes de cada professor. Portanto, se o docente acredita que o conhecimento se constrói na interação com a diversidade, ele precisa organizar o espaço físico da sala de aula coerentemente com essa ideia e potencializar o diálogo, para o qual é preciso que os sujeitos se enxerguem, escutem-se, argumentem, exponham ideias, dialoguem.

No que se refere especificamente às salas de aula em processo de alfabetização, a organização do espaço físico precisa considerar o detalhamento do ambiente alfabetizador.

O ambiente alfabetizador

O ensino e a aprendizagem da leitura e da escrita têm ocupado lugar de destaque na preocupação dos educadores. Porém, apesar disso, existem muitos sujeitos que não aprendem. O fracasso escolar nessas aprendizagens tem sido evidenciado por diferentes instrumentos de avaliação. Ocorre, porém, que, quando analisamos as estatísticas, percebemos que esse problema de não aprendizagem não se encontra proporcionalmente dividido entre a população.

Ao contrário: o maior índice de não aprendizagem em leitura e em escrita se encontra nas classes populares. Como nada acontece por acaso, pesquisadores encontraram como explicação para esse fato, dentre outras causas que se referem à condição social dos sujeitos, a existência de uma diferença básica entre aprendizes das classes populares e os das classes mais privilegiadas economicamente: o ambiente alfabetizador e a oportunidade de interagir qualitativamente com diferentes portadores de textos antes do ingresso na escola.

As pesquisas indicam que sujeitos que têm oportunidade de vivenciar situações de leitura e escrita cotidianamente em suas vivências pessoais diárias antes da chamada idade escolar não apresentam, estatisticamente, problemas de aprendizagem desse conteúdo. Dentre os que não têm estas vivências concentra-se o maior índice de não aprendizagem.

Graças a essa estatística, sabe-se hoje que o planejamento da aula deve levar em conta a construção do ambiente alfabetizador. O professor, mesmo sabendo que os adultos analfabetos:

a) já trazem consigo importantes conhecimentos construídos ao longo da vida;

b) estão expostos à grande variedade de portadores de textos;

c) desenvolvem estratégias de solução de problemas para conviver nesse tipo de sociedade;

d) porém não vivenciaram em seu cotidiano situações significativas de uso da escrita e da leitura;

precisará, portanto, considerar no seu planejamento a necessidade de oportunizar essas vivências para esses sujeitos, planejando situações para investir de significado diferentes atividades cotidianas de escrita e de leitura. Construir um ambiente alfabetizador significa:

a) trazer para a sala de aula e investir de significado diferentes portadores de texto;

b) oportunizar vivências e interações com textos que circulam socialmente;

c) buscar suprir a lacuna das articulações qualitativas com a escrita e a leitura.

Não é suficiente, entretanto, criar um ambiente alfabetizador para que uma pessoa se alfabetize. Se assim fosse não haveria analfabetos nas cidades nas quais a cultura escrita está presente. Além do ambiente alfabetizador, é preciso sistematizar intervenções específicas, pois não basta estar em contato com o objeto para garantir a alfabetização (Ferreiro, 1990).

Incorporar a ideia de um ambiente alfabetizador, sem refletir criticamente sobre o que isso significa, tem feito com que alguns professores tragam para a sala de aula muitos e diversos portadores de textos, poluindo visualmente os espaços, sem saber como investir de significado esses materiais.

Para que o ambiente alfabetizador seja competente em sua função, ele precisa, junto com os alunos:

a) ser construído;

b) ser planejado;

c) promover múltiplas interações com os materiais expostos;

d) propor situações de uso da linguagem escrita, significando e explicitando a relevância de cada portador de texto.

Isso não significa que só podem ser incluídos no ambiente alfabetizador da sala de aula os trabalhos produzidos pelos alunos. Esse é outro dos equívocos que, muitas vezes, são cometidos. Ao contrário, o professor pode e deve introduzir, na sala de aula, cartazes, placas, textos publicitários, charges etc., desde que sejam usados, ou melhor, significados de algum modo. Quanto mais variada for a interação com o material escrito, melhor ele poderá ser usado para produzir:

a) pensamentos;

b) modelos de escrita;

c) repertórios de palavras memorizadas que servirão de apoio para a reconstrução de diferentes palavras, frases, textos.

Sugiro que, no início das atividades, o professor traga para a sala de aula um referencial do alfabeto com características coerentes com as concepções sobre o ensino e a aprendizagem da leitura e da escrita.

O que isso significa? Não é o mais bonito, o mais colorido e nem o mais enfeitado. O referencial do alfabeto precisa apresentar as letras como elas estão no mundo. Portanto, não pode ser como muitos em que as letras são emendadas com objetos que iniciam por elas, como, por exemplo, uma abelha voando, e dela sai uma letra A grudada; o B com uma bola desenhada dentro.

Não pode ser assim porque esse tipo de referencial é coerente com uma epistemologia que não é a que deve embasar a prática pedagógica alfabetizadora complexa. Esse referencial intenciona que o aprendiz "memorize" as letras, utilizando estratégias que pensam facilitar essa memorização. Geralmente acontece o contrário: as figuras junto com as letras atrapalham a percepção dos alunos.

Foram relatadas algumas consequências indesejadas do uso desse tipo de alfabeto com figuras, desde alunos que "desenham" letras incompreensíveis, até a nomeação das letras do alfabeto como A de ABELHA, B de BOLA, C de CASA. Isso, muitas vezes, encaminha para a compreensão de que estas letras "só" servem para escrever essas palavras.

Outros referenciais, com o intuito de ficarem mais bonitos, usam letras do tipo **A, B** (letras cheias), o que obriga muitos aprendizes a exercícios difíceis na tentativa de "desenhar" tais letras. Deparamos com muitos exemplos de escrita de alunos em que foi explicitamente perceptível o tipo de referencial que existe na sala de aula por meio da tentativa da reprodução desse tipo de "letra dupla". Quando pergunto aos professores que trazem esses escritos de seus alunos se o referencial do alfabeto nas suas salas de aula é assim, eles questionam surpresos: "Como você adivinhou?"

Por isso é importante ter cuidado com o referencial. Ele precisa detalhar e respeitar as características dos escritos que existem no mundo. Seus objetivos precisam ser claros. Ele deve:

a) apresentar as letras;
b) fornecer um modelo das letras que se usam e como elas são usadas.

"E o K, W, Y?" Essas letras fazem parte do mundo, são usadas sempre e se repetem até várias vezes em uma única palavra. Então, coerentemente, precisam fazer parte do referencial do alfabeto.

Resumindo: o alfabeto deve ser apresentado inicialmente sem imagens, para que os alunos possam visualizar quantas letras existem, em que ordem elas aparecem, pois é nessa ordem que aparecem em dicionários, enciclopédias, listas telefônicas.

Outro detalhe importante a considerar, de acordo com o Geempa (1997), é que se troque muitas vezes esse referencial ao longo do tempo de ensino e de aprendizagem da leitura e da escrita, porque quanto mais referenciais diferentes houver na sala de aula, mais matéria-prima para o pensamento será fornecido pelo professor. É o espírito da novidade. Isso raramente acontece. O mais frequente é a existência de um referencial, sempre o mesmo, usado ao longo dos anos, muitas vezes faltando letras ou com algumas caindo. Pobres alfabetos que não foram investidos de significado.

Os crachás também são outro detalhe importante porque fazem parte do ambiente alfabetizador e têm o objetivo de fornecer matéria-prima para o pensamento sobre o como se escreve e o como se lê. Não servem só para que o professor memorize o nome dos alunos; se o professor neles percebe apenas essa função, ele perde um poderoso recurso que pode e deve ser utilizado durante todo o processo.

O crachá não deve ser elaborado pelo aluno. O professor é quem deve elaborá-lo e fazer uma entrega solene dele para seus alunos, explicando o que é, como vai ser utilizado ao longo do processo, como será cuidado, onde será guardado; enfim, deve procurar pensar seus usos nos "mínimos detalhes".

Ele deve ser escrito com letra de imprensa maiúscula, procurando atender o objetivo de ser visto por todos, respeitando o modo como os alunos desejam ser chamados na sala de aula. Como o objetivo do crachá *não* é memorização pura do nome e, sim, favorecer a construção de um repertório estável de palavras significativamente memorizadas, escrever o apelido e/ou diminutivo do nome do sujeito não representaria nenhum tipo de empecilho e contribuiria para o significado.

Um exemplo de como se pode usar os crachás é quando o aluno questiona o professor sobre como escrever uma determinada palavra e o professor o convida a pensar em outras palavras que iniciam com o mesmo som, ou nomes de colegas na sala que contêm esse som. Sugerindo, assim, a possibilidade de buscar no crachá do colega parte da solução do seu problema.

Desta forma, é importante que o professor desenvolva estratégias do uso diário dos crachás, desde o modo de distribuição variada até outras que a criatividade oportunizar. O que é importante é ter claro o objetivo do uso dos crachás nas classes de alfabetização de jovens e adultos. E, para alcançar esse objetivo, é necessário que os alunos e o professor percebam seu sentido e seu significado.

É importante que os alunos e alunas saibam repetir oralmente os nomes uns dos outros, bem como o do professor. E saibam que esses podem ser utilizados como um repertório de palavras estáveis que possibilitam o estabelecimento de relações para a construção de outras palavras diferentes. Para isso, também devem ser desenvolvidas estratégias, não unicamente com os crachás.

O tesouro de palavras também pode ser poderoso aliado para alcançar os objetivos. Ele pode ser desencadeado por meio da existência de um banco de palavras com figuras e seus nomes, diariamente retomado, reconstruído no fechamento das aulas, quando o grupo vai refletir sobre as aprendizagens construídas naquele encontro e sobre quais palavras podem ser acrescentadas ao tesouro das palavras do grupo.

Nesse contexto, o ambiente alfabetizador construído pelos sujeitos atuantes no processo de aprendizagem da leitura e da escrita é um valioso invariante didático. O próximo invariante didático que analisaremos será o conteúdo a ser trabalhado em sala de aula. Este se constitui em outro fator estável em qualquer grupo cujos objetivos sejam o ensino e a aprendizagem da leitura e da escrita.

Invariante didático 6
O conteúdo da alfabetização – texto e contexto

Em uma proposta didática que percebe:
a) o ensino e a aprendizagem da leitura e da escrita como a reconstrução de um conhecimento, e não o desenvolvimento de uma habilidade;
b) a escrita como atividade que depende do pensamento, da produção e da explicitação de hipóteses;
c) a leitura como compreensão de significado;

o conteúdo a ser trabalhado é o texto[15] e o contexto. A leitura do mundo e a leitura da palavra (Freire, 1998). Nessa concepção da linguagem os sujeitos são percebidos como construtores sociais, sujeitos ativos que dialogicamente constroem e são construídos no e pelo texto (Koch; Elias, 2006).

O conteúdo da alfabetização é ler e escrever. Mas ler o quê? Escrever o quê?

Escrever é produzir um texto em uma situação específica. Fazê-lo para alguém, um destinatário conhecido, desconhecido, que demanda algum tipo de formalidade, ou não, com objetivo de informar, convencer, opinar, comunicar, produzir algum efeito em outra pessoa.

Para escrever, o sujeito precisa utilizar adequadamente conhecimentos sobre os textos, sobre a pertinência do que é demandado em cada caso, de acordo com a situação estabelecida.

---
15. O conceito de texto aqui utilizado será entendido como uma unidade de sentido e como preenchendo uma função comunicativa reconhecível e reconhecida, independentemente da sua extensão (Koch; Travaglia, 1989).

E isto é ensinado e aprendido, ou não é, dependendo do tipo de intervenções que o professor fizer.

No século XXI a escrita vem diminuindo distâncias, oportunizando interações, favorecendo a circulação de informações, a reconstrução de conhecimento, oferecendo a possibilidade de diálogo com múltiplas vozes e mundos.

Nessa perspectiva, o sentido de um texto é construído na interação, não sendo considerado algo preexistente. A leitura é considerada uma atividade complexa, interativa de produção de sentido, dependente do conhecimento prévio do leitor sobre o tema lido, da sua compreensão do mundo e da palavra.

Pelas razões aqui apresentadas considero que ler é atribuir *um sentido* para o texto, e não *o sentido*, pois este é dependente das subjetividades (e do conhecimento prévio) do leitor.

Desse leitor espera-se que compreenda, analise, reflita, avalie a informação que tem diante de si, que a aceite ou a rejeite, que atribua sentido e significado ao que lê.

Tendo explicitado como conceituo escrita e leitura, e como elas, inseridas em ações contextualizadas, convertem-se no conteúdo da alfabetização, é importante refletir agora em como será feita a transposição didática desses conteúdos, sobre alguns aspectos estáveis inerentes à prática pedagógica do professor-alfabetizador.

Os processos de ensino e de aprendizagem na alfabetização estão ancorados em práticas indispensáveis de leitura e de escrita. Embora o conhecimento científico sinalize para o fato de que os adultos constroem hipóteses semelhantes às das crianças em relação à psicogênese da língua escrita, os materiais utilizados, como em qualquer situação didática, precisam ir ao encontro da curiosidade, do interesse, das necessidades subjetivas desses sujeitos[16].

---

16. Conceitos esses explicitados na terceira parte deste livro.

A seleção dos textos a serem trabalhados deve ser feita de acordo com os temas por eles abordados, conectados com o mundo adulto e com a qualidade do material escolhido.

Outro fator importante para o planejamento dos procedimentos didáticos tem a ver com o discurso do professor. É preciso conversar sobre o que planejou, explicitando os motivos que o levaram a escolher a atividade.

Como já foi comentado, as expectativas iniciais desses alunos são deparar com uma escola tradicional, com muita cópia e memorização sem sentido. Sendo assim, muitos deles *podem pensar* que atividades como: ditar um texto coletivo para o professor escrever no quadro; fazer a leitura diária de um texto; jogar jogos, como bingo e caça-palavras, são brincadeiras, e não situações de aprendizagem – são, em síntese, perda de tempo.

É preciso, então, desde o início do ano letivo, explicar que não se aprende mais como antigamente, copiando e repetindo, e sim que as atividades são direcionadas para a reconstrução de pensamento, para a elaboração de hipóteses sobre como se escreve e como se lê.

Para ler adequadamente, o aluno precisa de informações para refletir. O desenvolvimento de estratégias de leitura pode ser estimulado de diversos modos. Um deles é fornecendo pistas para antecipar o que está escrito. Para tal, pode-se utilizar o texto com imagens. Esse texto pode ser constituído de jornais, revistas, livros ilustrados, cartazes. O professor mostra uma foto de um estádio de futebol cheio, aponta para a manchete e pergunta: "O que pensam que está escrito aqui?"

Outro modo de fornecer pistas para antecipar o escrito é mostrar um produto, uma caixa de sabão em pó, por exemplo. Além da marca do produto, que geralmente os sujeitos conhecem e podem "ler", o professor pode perguntar: "Onde está escrito sabão? Com que letra começa? Com que letra termina? Quantas letras tem?"

No desenvolvimento desse tipo de atividade, o sujeito precisa coordenar informações tanto quantitativas (com quantas letras pensa que se escreve essa palavra) como qualitativas (com quais letras) fornecidas pelo texto e pelo contexto.

Outra estratégia embasa-se no contexto do escrito: oferecer um texto sem imagens, informando o seu conteúdo: uma lista de compras, um provérbio, uma poesia conhecida dos alunos. O professor escreve o texto no quadro e entrega uma folha para cada aluno com a poesia, explicitando qual é, lendo com eles, relembrando as palavras, e pode perguntar: "O que está escrito no texto? Onde está escrito? O que diz na primeira linha? Esta palavra, qual é?"

Como o alfabetizando pode identificar as partes de uma poesia ou de um provérbio? O professor pode questionar, orientar, fornecer indícios de como buscar uma determinada palavra. Pode, por exemplo, dizer que todos da classe estão procurando a palavra "gato", e pergunta: "Com que letra pensam que se escreve?" Se houver mais de uma palavra que comece com G, o professor pode questionar com que letra termina, quantas letras pensam que tem a palavra que estão procurando etc.

Assim, desde o primeiro dia de aula o aluno será desafiado a escrever e ler diferentes tipos de textos (cartas, bilhetes, receitas, contos, adivinhações) como sabe, "o melhor que puder". Nesse processo terá a oportunidade de construir aprendizagens sobre:

a) os diferentes tipos de textos e suas características específicas;

b) o uso da língua em geral, mesmo que o aluno não utilize os grafemas adequados ao escrever.

Para contribuir nessas sucessivas aproximações do sistema de escrita, o professor realizará intervenções a partir dos usos estáveis das palavras, oportunizando, por exemplo, que os sujeitos reconheçam a mesma letra repetida em diferentes palavras e encontrada em textos, numa atividade permanente de intercâmbio de informações não apenas entre o professor e os alunos, mas principalmente entre alunos e alunos.

Provavelmente os primeiros textos escritos pelos alunos serão incompreensíveis, ilegíveis pelo outro. É importante ter clareza e construir uma atitude coerente em relação a esse fato, que não seria a de corrigir imediatamente, apontando erros e mostrando a escrita correta, mas a de oferecer ajuda quando solicitada, mostrar a escrita convencional quando parecer adequado.

Minha sugestão é a de respeitar "os direitos do autor", e que o próprio escritor modifique seu escrito quando desejar e compreenda que deve fazê-lo. Cada texto precisa contribuir para reflexões do grupo, nas quais os sujeitos tragam seus saberes, e a palavra do professor nem sempre será a última. Não me entendam mal. Não estou falando em não corrigir, em deixar o aluno aprender sozinho, em espontaneísmo. Não é isso.

As hipóteses construídas pelos alunos precisam ser confrontadas com a realidade. Mas, como diz Vergnaud, "a didática é uma provocação que não deve ser exercida o tempo todo". Ou seja, o professor precisa ter sensibilidade para saber o momento de acolher e o momento de desordenar as hipóteses de seus alunos.

Acolhimento e ruptura são movimentos necessários para o ensino e a aprendizagem. Os dois! Então, quais seriam os critérios para essa sensibilidade? O sentido e o significado da escolha da ação articulados com o momento da trajetória vivenciada pelo sujeito. Poderão servir de indícios para a escolha entre o acolhimento e a ruptura:

a) o conhecimento prévio do aluno;
b) o tipo de pensamento que está construindo no momento;
c) quão fortalecida está sua autoimagem de sujeito aprendente, de ser capaz, e o significado de desequilibrar aquelas questões naquele momento.

Por isso, por todos os papéis que o professor precisa desempenhar, é preciso que ele mantenha um registro atualizado do acompanhamento de cada aluno, com os avanços que este realiza em suas conceitualizações.

É assim que o professor poderá ter em mãos a matéria-prima para construir suas intervenções no sentido de ir ao encontro dos conhecimentos prévios dos alunos, e não de encontro a eles...

O que estou afirmando não significa a ausência de necessidade de ensinar as letras ou que estas não sejam conteúdo da alfabetização. Esse é um mal-entendido frequente. O que não é adequado é ensinar as letras de modo descontextualizado, fazendo com que os alunos as memorizem sem significado.

Os alunos, quando trabalham com os crachás, com os nomes dos colegas, com palavras do tesouro, com diferentes tipos de textos, de acordo com as intervenções que o professor fizer, vão percebendo as letras que estão neles e vão também pensando sobre o som delas. Aprendem as letras contextualizadas em textos.

Existem tantas lembranças quanto são as experiências significativas memorizadas (Gil, 2008). Memorizar significativamente não significa repetição: é graças à memória significativa que atribuímos sentido ao cotidiano e acumulamos experiências úteis para o desenvolvimento de estratégias de solução de problemas.

A memória significativa atende a capacidade humana de agregar conhecimento ao repertório pessoal, compreender, armazenar e, principalmente, lembrar, mobilizar as informações quando necessitamos delas. O que não compreendemos, não agregamos ao repertório, não atribuímos significado, não lembramos.

Conforme já se afirmou, existem excelentes obras que trazem muitas sugestões de atividades, e esse não é o propósito específico deste livro. Porém, as ideias aqui contidas são as que se pretende ver incluídas na rotina não rotineira das classes de alfabetização. Elas contribuem para sistematizar algumas ideias fundamentais para a seleção dos conteúdos referentes ao ensino e a aprendizagem da leitura e da escrita:

a) não se aprende no vazio. É preciso matéria-prima para o pensamento. Essa matéria-prima será constituída dos crachás, do repertório de palavras significativamente memorizadas, do dicionário de palavras construídas em aula, do tesouro de palavras;

b) a intervenção do professor precisa ir ao encontro dos saberes já construídos dos alunos, ou seja, a proposta didática precisa ficar na interseção entre o possível e o difícil. Para tanto ele precisa sempre estar de posse do diagnóstico individual, com acompanhamento sistemático;

c) boas situações de aprendizagem são as que oportunizem que os alunos mobilizem o conhecimento já construído e o utilizem para ir além;

d) é preciso saber e saber fazer, ou seja, aprender a pensar, a resolver problemas, utilizando o conhecimento construído em diferentes situações;

e) aprender a ler e a escrever é um processo, é uma construção não linear.

Pensar como nós mesmos aprendemos pode contribuir para entender estas ideias.

Por exemplo: você está lendo este livro, já conhecia algo sobre o tema que se propõe. O modo como se aproximará das ideias nele contidas vai ser diferenciado pelos conhecimentos prévios sobre alfabetização, ensino, aprendizagem, as concepções que embasam sua prática, crenças e convicções que tem sobre como os sujeitos aprendem.

Provavelmente uma primeira leitura não será suficiente para modificar uma prática pedagógica diferente da aqui proposta; pensando de modo otimista, esta leitura poderá desencadear novas leituras, ensaiar realizar algumas propostas em sala de aula, questionar-se.

Cada outra leitura poderá destacar aspectos não percebidos anteriormente, originar outros pensamentos, às vezes produzir até uma sensação de esclarecimento: "Entendi! Várias ideias que estavam soltas se encaixam". A leitura de cada capítulo pode contribuir para melhorar a leitura do próximo. A aprendizagem é espiral, vai abrindo-se, ampliando-se, abrangendo mais conhecimento compreensivo.

Finalizando este invariante didático, destaco, a seguir, cinco tipos de procedimentos didáticos básicos em classes de alfabetização.

1) Leitura pelo professor: momento diário da aula em que o professor lê para os alunos diferentes tipos de textos (livros, jornal, contos, receitas, instruções de jogos, anedotas, provérbios), variando os gêneros para ampliar o repertório do grupo. Pode-se, inclusive, organizar audições de leitura de livros mais longos, trabalhando capítulo a capítulo, provocando suspense, como em uma novela.

• Detalhes importantes: o professor precisa ler o texto previamente, ensaiar a leitura; escolher textos de autores conhecidos, de qualidade. É critério importante na escolha do texto que o professor tenha gostado dele.

- Aprendizagens possíveis: características que diferenciam os gêneros textuais, diferença entre linguagem oral e escrita, usos e funções da escrita, ler pelo prazer de ler, emitir opiniões sobre os textos, comentar partes, selecionar e organizar ideias, dentre outras.

2) Leitura pelo aluno: possibilidade de ler textos conhecidos de memória. Podem ser rótulos, provérbios, listas de contos já lidos, referencial do tesouro do grupo. Sabendo o que está escrito é possível antecipar palavras, buscar indícios gráficos por meio das letras iniciais, finais ou da quantidade de letras, que ajudam a confirmar ou não sua hipótese.

- Detalhe importante: a situação de ler em voz alta, despertando o medo de errar, nem sempre é prazerosa, por isso é importante explicitar que é lendo, mesmo quando não se sabe fazê-lo convencionalmente, que se aprende a ler.
- Aprendizagens possíveis: não ter medo de errar, pensar sobre o sistema de escrita, colocar em ação estratégias de leitura (como antecipar, inferir, comprovar).

3) Produção de texto coletivo: alunos ditam um texto, e o professor, atuando como escriba do grupo, transcreve no quadro de giz.

- Aprendizagens possíveis: analisar e revisar a escrita coletiva, percebendo repetições de palavras, encadeamento de ideias; como organizar as ideias de um texto, como acontece a passagem da linguagem oral para o texto escrito.

4) Escrita pelo aluno: dois tipos de procedimentos diferentes:

a) Escrita de textos que o sujeito sabe de memória, como poemas ou provérbios, o que oportuniza que o aluno pense sobre como se escreve.

b) Escrita de um texto desencadeado por um problema proposto pelo professor, por exemplo, uma propaganda de determinado produto ou um anúncio para vender algum objeto pessoal. Nesse caso, a atividade é mais complexa, pois faz com que o aluno pense no quê e em como escrever. Essas atividades podem ser desenvolvidas em pequenos grupos também.

- Aprendizagens possíveis: eleger quantas e quais letras usar, representar graficamente o que quer comunicar, ousar construir e testar hipóteses.

5) Jogos: quando são competitivos, mobilizam estratégias e energias diferentes de outros tipos de atividades, não é apenas um divertimento, pois implica aprendizagens importantes, como compreensão das regras e superação da frustração da perda, que é uma exigência da aprendizagem significativa, pois considera a percepção de erros e escolhas equivocadas.

- Detalhes importantes: planejar adequadamente as regras para que resulte em um vencedor (o bingo de nomes, por exemplo, precisa considerar que não pode haver cartelas repetidas, resultando em mais de um vencedor ao mesmo tempo); oportunizar que os alunos joguem mais de uma vez o mesmo jogo, pois assim poderão pensar em estratégias diferentes para vencer.

Além de descrever o tipo de procedimentos que considero invariantes didáticos nas classes de alfabetização, é importante destacar alguns critérios (Tolchinsky, 2004) estáveis na escolha dessas atividades. São os seguintes:

a) Aprender com prazer: se as propostas forem adequadas, será possível vencer as barreiras entre pensar, aprender e desfrutar prazerosamente. Importante é planejar atividades que por si mesmas mobilizam o desejo de realizá-las, despertam entusiasmo, interesse, motivação intrínseca à própria atividade. Propostas que partam da demanda dos alunos, para satisfazer uma necessidade ou um desejo são exemplos disso.

b) Aprender em situações úteis: partindo da experiência direta, com materiais e situações que não tenham sido criados artificialmente na escola, mas que existam fora dela. Exemplos: escrita de um anúncio para vender algum objeto pessoal de um aluno; uma carta para um colega doente etc.

c) Aprender com sentido: os cinco procedimentos didáticos que descrevemos caracterizam-se por terem sentido em si mesmos, cumprirem funções, resolverem uma necessidade ou atenderem desejos. O sujeito, desde que nasce, está imerso em um mundo complexo, que vai captando e compreendendo de acordo com suas vivências e elaborações. O que muda ao longo dos anos não é o grau de complexidade que envolve o sujeito, mas sim o sentido e o significado que lhe atribui.

d) Aprender participando, interagindo: a participação e o envolvimento dos alunos são fundamentais no planejamento dos procedimentos. É preciso detalhar as estratégias para que isso aconteça.

e) Aprender com autonomia: é preciso que os alunos saibam quais os objetivos dos procedimentos, pois só poderão trabalhar sozinhos, sem depender do professor, se tiverem clareza do que vão fazer, para quê e como. Antes de iniciar uma tarefa é preciso falar sobre sua finalidade e dar tempo e espaço para que os sujeitos pensem e manifestem modos de realizá-la. Posteriormente é importante analisar com o grupo como funcionou e que problemas a atividade gerou. Recursos que favorecem a autonomia são, por exemplo, a elaboração de roteiros de trabalho, que são produzidos com todos os componentes do grupo, listando de forma ordenada os passos necessários para o desenvolvimento da tarefa.

Outra sugestão é planejar no dia anterior o que será realizado no próximo encontro; desse modo, em vez de esperar as ordens do professor, o aluno começa a preparar o material e coloca em prática a tarefa pela qual é responsável.

Nas classes de alfabetização se promoverá a prática da escrita e a formação de escritores competentes e autônomos quando se oportunizar situações problemáticas em que seja necessário escrever algum tipo de texto para solucioná-las, sempre dirigido a um destinatário real e com um propósito definido.

Quando o professor propõe uma atividade de escrita para seus alunos, precisa considerar qual a prioridade de cada tipo de atividade.

Essas atividades se dividem em dois tipos, basicamente:

a) as que canalizam o pensamento do aprendiz para o "como" se escreve (com que letras, com quantas letras etc.);

b) e as que direcionam o pensamento para o "que" se escreve (quais palavras usar, que tipo de linguagem etc.).

As atividades em que são solicitados a criar um texto se percebem mais complexas do que as atividades em que vão promover a reescrita de uma história conhecida, por exemplo. Nessas, precisa pensar o que e o como escrever.

Na atividade de reescrita o sujeito não precisa pensar muito no "que" vai escrever, pois conhece a história que vai reproduzir. O que ele vai precisar pensar é no "como" escrever.

Um dos tipos da atividade prioriza a forma; o outro, o conteúdo. Ao planejar situações e procedimentos, é importante que o professor pense qual dos aspectos quer priorizar.

No primeiro grupo com o qual trabalhei, no projeto das mil mulheres em três meses (Geempa; Themis; MEC, 1997), ocorreu um episódio que serve como exemplo de uma boa situação de aprendizagem da escrita.

Um dos aspectos que diferenciava esse projeto de muitos outros era a preocupação com a inserção no cotidiano cultural do mundo letrado. Para tal, estavam incluídos no projeto idas ao teatro, cinema, exposições de arte, jogos de futebol. Além disso, todas as alunas recebiam um exemplar do jornal *Zero Hora* uma vez por semana.

Essa história aconteceu depois de um passeio ao Shopping Praia de Belas. Na aula seguinte, distribuí o jornal para elas e pedi que procurassem uma foto de pessoas conhecidas no jornal. Sabia que tinha saído uma notícia sobre o passeio, e havia uma foto delas ilustrando a matéria. O título da reportagem era: "Mulheres carentes vão ao shopping".

Elas folhearam o jornal até que uma encontrou a foto. Ficaram encantadas e pediram para que eu lesse a reportagem. Li para elas, e quando terminei uma delas disse: "Por que estão nos chamando de mulheres carentes? Não somos carentes: temos família, casa, comida, trabalho". As outras concordaram: "Não somos carentes, não".

Eu fiquei surpresa com essa reação. Estavam indignadas! Lembrei, então, que o jornal tem uma seção de cartas dos leitores, e então sugeri: "Se não gostaram de terem sido chamadas de carentes, por que não escrevem uma carta para o jornal reclamando? Vocês lembram que tem essa seção no jornal, para cartas dos leitores? Quando apresentei as seções do jornal para vocês, comentamos". Imediatamente aceitaram a proposta. Fui para o quadro de giz, e elas começaram a ditar a carta.

Examinando o jornal, descobriram que o jornalista responsável pela sessão *A palavra do leitor* se chamava Vitor. Decidiram escrever a carta para ele. O texto ficou assim:

Porto Alegre, 8 de julho de 1997

Ao
Jornal Zero Hora
Seção *A Palavra do Leitor*
Porto Alegre, RS
At. Sr. Vitor

Prezado Vitor:

Quem escreve é o Grupo da Amizade, do qual fazem parte vinte e duas mulheres que participam do projeto "O prazer de ler e escrever de verdade", de um total de quinhentas mulheres, patrocinado pelo Geempa, Themis e MEC.

Este grupo foi convidado para um passeio no Shopping Praia de Belas, que incluía um café no Restaurante Birra e Pasta, um filme (Ed Mort) e ainda algumas alunas foram sorteadas para receber atendimento de oculistas.

Na aula seguinte, a professora trouxe o *Zero Hora*, e vimos nossa foto no jornal. A professora leu o artigo para nós. Gostamos muito, só não gostamos do título, porque não nos julgamos carentes. Ou melhor, só somos carentes de aprender a ler e escrever.

Então, o nosso grupo quer sugerir outro título para o artigo: "Mulheres de fibra fazem passeio cultural". Se formos atendidas, agradecemos.

Assinado: Grupo da Amizade – Restinga (seguiam os nomes de todas).

Essa carta foi publicada, o que originou outra aula, muito proveitosa, com o uso do jornal.

Penso que esse é um bom exemplo de como desencadear atividades de escrita com sentido e significado. A qualidade do texto que elas escreveram, mantendo as características que a situação demandava, atesta o que estou afirmando.

Além disso, nas outras reportagens que saíram sobre o projeto, no mesmo jornal, elas não foram mais chamadas de carentes. Fato que foi percebido, comentado por elas em aula e considerado uma vitória do grupo.

Esse episódio contribui também, dentre outras aprendizagens cidadãs, para uma reflexão sobre o uso que fazemos da palavra "carente" e sobre os sentimentos que ela pode gerar... Eu pelo menos aprendi a ser muito comedida no uso desse vocábulo.

Afirmou-se que não se aprende no vazio, existindo portanto a necessidade de diagnosticar o conhecimento prévio dos alunos a fim de que estes embasem a reconstrução de outras aprendizagens que servirão como matéria-prima para a produção do pensamento.

O planejamento da construção do repertório de palavras significativamente memorizadas é parte importante dessa matéria-prima, e é outro invariante didático relevante para a prática docente alfabetizadora.

Invariante didático 7
A construção do repertório das palavras significativamente memorizadas

"Ninguém ignora tudo, ninguém sabe tudo" (Freire, 1989, p. 39), todo o conhecimento se produz sempre a partir do estado em que o sujeito se encontra (Piaget, 1986, p. 31), não se aprende, portanto, no vazio. É, por isso, preciso partir do conhecimento prévio e ir além.

Nesse sentido, os alunos necessitam de um repertório de palavras, significativamente memorizadas, para utilizar como matéria-prima para o pensamento ao construírem novas palavras.

Para ajudar o sujeito nas sucessivas aproximações ao sistema de escrita, o professor o orientará a partir do uso estável de palavras que será constituído:

a) do nome próprio do aluno;

b) dos nomes dos companheiros;

c) de palavras significativas.

Isso permitirá que os sujeitos reconheçam um mesmo grafema, repetido em diferentes nomes e encontrado em todo tipo de texto, em uma atividade permanente de intercâmbio de informações não apenas do professor para os alunos, mas entre eles também.

O *repertório de palavras memorizadas* tem como objetivo servir de material para oportunizar pensamento. Mas, como afirma Rubem Alves, "a memória viaja leve. Ela só carrega o que tem serventia e o que dá prazer". Portanto, não adianta pedir para que os alunos escrevam muitas vezes a mesma palavra com o objetivo de que a memorizem.

Maria Madalena, uma aluna, é um exemplo disso. Ela trouxe para a sala de aula dois cadernos completos com o seu nome escrito. Apesar disso, ela não sabia escrever o nome sem copiar letra por letra. Ela não aprendeu a escrever o seu nome porque as palavras repetidas não foram memorizadas, não tiveram significado para ela, embora fosse o seu próprio nome.

O planejamento inicial terá, portanto, como foco a construção desse repertório. Uma sugestão para isso é o trabalho sistemático com o nome próprio, a palavra considerada mais significativa para os seres humanos. Esse é um dos motivos da importância do trabalho diário com os crachás, direcionando o pensamento dos alunos para os aspectos qualitativos e quantitativos da escrita.

Com um trabalho realizado nessa proposta de ensino, ao final do primeiro mês de aula *todos* os alunos deverão ter estabilizado a escrita do seu nome, pois, conforme já afirmamos, aprendizagem *não é* questão de ritmo (Schwartz, 2009), mas sim de intervenção didática adequada.

Esse repertório servirá de base para a reconstrução de outras escritas, e, após ter estabilizado o nome, por exemplo, o sujeito pode utilizar esse conhecimento na reconstrução de outras palavras.

Uma aluna cujo nome seja Carolina, por exemplo, ao desejar escrever a palavra casa, questionando a professora como poderia fazê-lo, poderia receber como resposta uma pergunta do tipo: "Que outras palavras você conhece que têm o mesmo som de CA?"

Quanto mais palavras significativamente memorizadas, mais matéria-prima para o pensamento o aluno terá para usar na reconstrução de outras palavras e textos.

Ao fazer a distribuição diária dos crachás, ao propor estratégias, como adivinhar de quem é cada um, por meio da indicação de pistas como o número de letras que contém, com qual letra começa, com qual termina, o professor estará promovendo pensamentos sobre as diferenciações do sistema de escrita que os alunos precisam aprender para dela se apropriar significativamente.

A gincana dos nomes é outra atividade que também contribui para a construção do repertório de palavras significativamente memorizadas. Nessa atividade, os alunos nomeiam oralmente os colegas, e ganha o que mais nomes conseguir lembrar.

As atividades com os nomes de todos os alunos e da professora, demandando que os alunos circulem o maior nome, sublinhem o menor, agrupem os que começam com a mesma letra, além de contribuir para a construção do repertório das palavras significativamente memorizadas, oportuniza outras aprendizagens (maior, menor, início, meio, fim, circular, sublinhar) que podem parecer "óbvias", mas muitas vezes são desconhecidas.

A construção do tesouro das palavras, individual ou do grupo, é outra sugestão para esse objetivo. O tesouro é um conjunto de palavras escolhidas pelos alfabetizandos, as quais eles manifestaram o desejo de aprender a escrever.

Geralmente é composto do nome de familiares e/ou das palavras necessárias para o desenvolvimento das funções no trabalho. O tesouro individual é construído com a ajuda do professor, que questiona o aluno sobre palavras que gostaria de incluir. Sugerem-se no máximo dez palavras.

O professor prepara com antecedência dez papéis recortados de diferentes formas geométricas (quadrado, círculo, retângulo) e cores diversas. De acordo com as palavras indicadas, o professor enfatiza: "Estou escrevendo o nome de sua filha – Maria – no retângulo amarelo", por exemplo. E assim sucessivamente. Após essa preparação inicial do tesouro, o professor:

a) elabora em outra folha uma lista de todas as palavras do tesouro, que será chamada de referencial;

b) coloca as palavras e o referencial em um envelope com o nome do aluno escrito na frente.

A partir desse tesouro, podem-se desenvolver inúmeras atividades que contribuirão para a construção do repertório de palavras significativamente memorizadas ou qualquer outro objetivo definido pelo professor. Por exemplo: solicitar que os alunos coloquem ao lado da palavra escrita no referencial a correspondente do tesouro.

Outra possibilidade é o auxílio que essas palavras podem prestar para a escrita de outras que têm o mesmo som. Na minha prática alfabetizadora, o tesouro tem se revelado um importante aliado para o avanço do conhecimento dos alfabetizandos.

Para o tesouro do grupo pode-se elaborar uma bela caixa onde serão incluídas as palavras que o grupo sugerir de acordo com o desenvolvimento das atividades diárias. Essas palavras também poderão contribuir para a produção de pensamento de palavras diferentes.

Outra ideia é a construção de um dicionário com as palavras construídas em aula. Pode-se destinar um caderno especialmente para isso, que também servirá de fonte de consulta para diversas outras atividades.

Outro princípio didático que se constitui em um dos invariantes é o trabalho em grupo.

Invariante didático 8
O trabalho em grupo como princípio de aprendizagem

No sentido filosófico, princípio é o que contém ou faz compreender as propriedades essenciais de uma coisa. O princípio de um hospital é atender os doentes para que fiquem saudáveis. Já o princípio de uma aula é construir aprendizagens. É avançar o nível de conhecimento sobre um objeto.

Nesse sentido, o que significa trabalho em grupo como princípio de aprendizagem? Seu significado engloba várias questões. Uma delas se refere à ideia de que se aprende na interação, e o trabalho em grupo é uma forma de potencializar a interação. Não é qualquer trabalho, entretanto, que vai promover essa interação, mas o que:

a) for planejado com clareza do objetivo a que se propõe;
b) promover a organização do grupo de modo coerente com essa proposta;
c) utilizar estratégias de provocação que oportunizem que os sujeitos mobilizem seu conhecimento prévio para ir além dele.

Acontece de muitos professores proporem tarefas com os alunos sentados em grupos e distribuírem uma folha para ser preenchida por cada aluno, por exemplo. Este tipo de proposta não tem claro o objetivo de potencializar a interação, pois geralmente direciona a energia dos alunos para o preenchimento da "sua" folhinha.

Quando queremos aprender, é porque alguém ou algo nos provoca de alguma maneira, seja um livro, um professor, um colega. O trabalho em grupos na sala de aula estabelece o laço do social com o saber (Manzanares, 2001). O sujeito tem necessidade de trabalhar com outros que tenham conhecimento, sensibilidade, esquemas de pensamento diferentes. É assim, dentro dessas trocas e dessas diversidades que cada um se enriquece.

Na sala de aula, o sujeito aprende também com quem tem faltas similares, as mesmas necessidades, as mesmas expectativas. Isso é o igual, mas as experiências de vida, os conhecimentos prévios, só para lembrar, são diferentes.

O confronto com a diferença gera o conflito cognitivo, a dúvida, a percepção do não saber e a necessidade de sabê-lo para compreender. É preciso examinar, por conseguinte, soluções diferentes das que o sujeito pensou para resolver o mesmo problema. Assim descobre e aprende que há diferentes modos de resolver o que necessitar.

O conflito cognitivo precisa ser:

a) pedagogicamente planejado;

b) didaticamente provocado;

c) intencionalmente direcionado;

para evitar que se ganhe "no grito", sem explicar, sem argumentar e, pior: sem aprender.

O professor precisa desenvolver estratégias para que todos aprendam a se expressar. É preciso que o grupo perceba a necessidade da participação de todos, aprendendo:

a) a ouvir;

b) a argumentar;

c) a debater;

dando-se conta de que a tarefa comum engloba a intervenção de cada um.

Ouvindo os outros, todos se sentem confrontados e necessitados de:

a) rever seus esquemas de pensamento;
b) organizar suas construções;
c) relativizar umas;
d) priorizar outras.

Em relação ao modo de organizar os grupos, existe a demanda de planejar detalhadamente esse quesito. A quantidade de componentes apontada como mais produtiva é a de quatro elementos, pois assim todos poderão sentar-se de frente para todos, não ficando ninguém na ponta do grupo, o que possibilitaria a construção de um subgrupo.

Além disso, é preciso considerar também os critérios de agrupamento. No início dos trabalhos, os alunos podem ser esperados já com as classes organizadas, em tantos grupos de quatro elementos quantos alunos houver na lista de chamada. Assim, eles irão entrando e se sentando, e os grupos irão se formando de modo aleatório. Pode-se proceder também ao sorteio, ao grupo constituído por escolha pessoal, desde que se combine no contrato pedagógico que todos precisam fazer parte de um grupo, prevenindo assim possíveis rejeições.

Outro detalhe importante a se pensar é o modo de distribuir as classes, que precisa atender duas questões: todos ficam de frente para todos e todos ficam de frente para o quadro de giz. Nenhum aluno pode ficar de costas para o lugar do professor.

Esse pode, inclusive, ser um problema proposto para os alunos. O professor pode dizer que quer que eles se organizem em grupos de quatro elementos no máximo, sentados todos de frente para todos e todos de frente para o quadro. Os alunos provavelmente dirão que isso é impossível, mas para mostrar a possibilidade disso, eis a seguir uma sugestão:

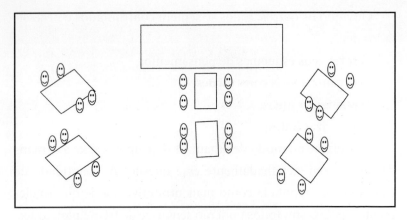

É preciso considerar também outro detalhe quando se planeja trabalho em grupo: a diversificação do poder. Em geral, o poder é concentrado no professor, considerado única fonte de saber, orientação, julgamentos, apoio e iniciativa. Estimula-se a assunção de outro tipo de prática, na qual passará a fazer parte da rotina dos sujeitos a ideia de que os alunos também podem ensinar, julgar, orientar, decidir, organizar uns aos outros. A tarefa em si não acontece de um dia para o outro, é processo, construção. Trabalhar em grupo se aprende e se ensina.

Antes de finalizar a apresentação deste invariante, é preciso fazer uma rápida referência a eventuais problemas de aparente descontrole que são produzidos em aula quando se trabalha com pequenos grupos. Muitas vezes temos a tendência de considerá-los um aspecto negativo desse tipo de procedimento, por isso a importância de analisar a questão.

Organização aparente e tranquilidade são aspectos importantes que todos queremos desfrutar em sala de aula, mas algumas vezes é possível sacrificar essas demandas a favor do prazer intelectual. Se uma proposta entusiasma os alunos, fazendo com que se envolvam nela, é possível que isso crie certa desordem; porém, é preciso destacar que esta é do tipo produtivo.

Podemos exemplificar com uma turma de alunos reunidos em pequenos grupos, cada um organizando um supermercado. Os alunos estão listando as diferentes seções que o compõem, confrontando opiniões, hipóteses, levantando-se para espiar o que os outros estão produzindo, voltando a seus lugares. Não é a descrição de uma situação em que se percebem sujeitos envolvidos e aprendendo?

O objetivo é construir um ambiente de trabalho descontraído, capaz de envolver todos, fazendo-os participar ativamente, expondo suas ideias, buscando soluções, colocando-as em prática para testar se são adequadas, um ambiente propício à produção de pensamentos, à interação, à participação e ao envolvimento. O trabalho em pequenos grupos, se planejado adequadamente, potencializa essa reconstrução.

Invariante didático 9
A lição de casa

Descrição da cena: caderno aberto, livro também, braço segurando a cabeça, cara de aborrecimento. Quem fez a representação mental de alguém fazendo lição de casa? Pois é, parece que a prática pedagógica, seja qual for, implica realizar esse tipo de tarefa. É assim. No entanto, por que e para que esse empenho em ampliar a jornada escolar? (Margenat, 2005).

O objetivo das tarefas de casa é de assegurar a fixação dos conteúdos trabalhados em aula? Que concepção de ensino e de aprendizagem está por trás dessa ideia? Ela é coerente com a sua? Nesse caso, a atividade correspondente, provavelmente, seria mecânica e repetitiva, daquele tipo que os alunos fazem como na cena descrita no início deste invariante?

A tarefa, o exercício, o dever ou a lição de casa – o nome varia de lugar para lugar, mas o que importa é que, para produzir pensamentos e conhecimento, ela precisa ser significativa. E, para tanto, como instrumento de aprendizagem e de continuidade, ela precisa ser:

a) fonte de prazer;
b) busca do atendimento de necessidades e faltas.

As atividades extraclasse representariam, se assim fossem, outro tipo de oportunidade, fora da sala de aula. Seriam um momento privilegiado de:

a) (re)aprender a aprender;
b) escolha;
c) realização pessoal, proporcionando a interação do conhecimento construído com o buscado, por interesse e vontade pessoal.

Educar para a autonomia significa oportunizar condições para que o sujeito aprenda a atender seus desejos e suas necessidades, possibilitando realização pessoal comprometida com a responsabilidade social e a solidariedade. Para contribuir com esse objetivo, a lição de casa pode ser uma ótima aliada.

Mas, para que a lição de casa atenda essas características, é necessário pensar e organizar alguns "detalhes" do tipo:

a) o objetivo da tarefa precisa ficar claro para o professor e, principalmente, para os alunos;
b) os alunos precisam ser capazes de realizar a proposta sozinhos, e isso deve ser combinado no contrato pedagógico inicial;
c) essa combinação deve ser retomada e comentada sempre que houver lição de casa;
d) se for solicitada, a lição de casa *precisa* fazer parte do planejamento do próximo encontro, sendo socializadas as produções de cada componente do grupo, analisando as estratégias de cada um, sua adequação, necessidade de continuidade etc.

Invariante didático 10
Construção do clima propício para o ensino e a aprendizagem

O clima propício para o ensino e a aprendizagem é construído por meio da configuração dinâmica das variáveis do contexto criado pelo professor, que, ao atuar com as características pessoais dos alunos e alunas, influi na motivação (ou não) para ensinar e aprender. Precisa incluir também as sensações de:
a) pertencimento;
b) acolhimento;
c) percepção de limites e possibilidades;
d) busca de objetivo comum;
e) valorização da presença de todos.

A sensação de pertencimento ocorre quando os envolvidos no processo percebem-se aprendendo, avançando, modificando suas hipóteses iniciais.

Enquanto se vive em um meio no qual se pode atuar, discutir, decidir, realizar e avaliar com os outros, criam-se situações favoráveis para a aprendizagem; não apenas da leitura e da escrita, mas também para todas as aprendizagens. Isso é válido para todos, incluídos os adultos (Jolibert, 1994).

É importante explicitar ainda alguns "sintomas", alguns detalhes do clima motivacional da sala de aula propício para a construção de aprendizagens significativas. Ele precisa ser constituído tanto dos fatores objetivos, evidentes, perceptíveis pelo olhar atento do professor, quanto do conhecimento científico construído e que não pode ser ignorado pelo docente.

Os fatores perceptíveis são:

a) a atenção e a energia voltadas para o desempenho da tarefa;

b) o envolvimento mental, corporal e ativo que é evidenciado pelos sujeitos participantes do grupo;

c) a necessidade da percepção do momento adequado de acolhimento ou de ruptura das hipóteses e sua valorização;

d) o estabelecimento de condições objetivas de trabalho nas quais:

- as contribuições são valorizadas, incentivadas, ampliadas, quando necessário;

- se explicita que para aprender é preciso tentar, ousar, e que esses procedimentos incluem a possibilidade de errar.

Lembrando sempre que erro é a expressão de uma hipótese, de um pensamento, de uma elaboração inteligente e, como tal, deve ser percebido, às vezes redirecionado, nunca recriminado, criticado.

Para aprender é necessário, portanto, um clima que reflita:

a) as relações favorecedoras da autoestima, do respeito, da aceitação e da confiança;

b) um espaço de participação aberta e sincera, marcado por um contexto seguro para o aluno, no qual errar faça parte do processo.

Não é por acaso que a lista de invariantes didáticos está sendo encerrada com a construção do clima propício para o ensino e a aprendizagem, uma vez que a sala de aula deve ser um espaço livre de ameaças. O clima propício encerra esta lista e encaminha a sua continuidade na interação das subjetividades dos sujeitos implicados nos processos.

PARTE III
A AULA-LUGAR DE ENSINO, APRENDIZAGEM, INTERAÇÃO

Na segunda parte do livro foram descritos os invariantes didáticos, ou seja, os princípios, as ações e as intenções estáveis que precisam ser considerados em qualquer espaço que se proponha ao ensino e à aprendizagem, independentemente das características pessoais dos sujeitos envolvidos.

Já neste espaço, encaminho a reflexão sobre toda e qualquer aula, seus momentos, buscando uma articulação com os invariantes didáticos.

PARTE III
A AULA-LUGAR DE ENSINO, APRENDIZAGEM, INTERAÇÃO

I
O modo de iniciar a aula

Aula é um momento montado de modo especial para se construir aprendizagens. Nela precisa ser desenvolvida pelos participantes a arte de ousar rupturas, a de acolher hipóteses que, algumas vezes, podem parecer retrocessos, e a de não se desesperar diante de permanências ou momentos em que aprendizagens parecem não acontecer.

Toda e qualquer aula necessita ter início, desenvolvimento e fechamento. Essas três partes precisam ser planejadas, e a intencionalidade de cada encontro deve ser explicitada no primeiro dia, no contrato pedagógico, e repetida diariamente. Esse contrato precisa explicitar as respostas a três questionamentos básicos, a saber:

a) Qual a proposta para o dia?
b) Quais seus objetivos?
c) Como será realizada a aula?

O modo de iniciar uma aula pode ter potencial determinante para a construção e o estabelecimento do clima motivacional propício para a aprendizagem de todos os alunos.

Se o professor inicia as aulas sempre da mesma maneira, ele pode provocar nos alunos o desenvolvimento de uma atitude contumaz e conformista de previsibilidade e de ausência de significado. E, diante de estímulos iguais, monótonos, as pessoas tendem a deixar de percebê-los, acostumam-se a eles, e tudo se passa como se não existissem – nem o estímulo, nem o sujeito (Gaiarsa, 2006).

Em uma sala de aula em processo de alfabetização na qual tudo acontece de maneira previsível, geralmente o professor inicia a aula escrevendo:

a) a data no quadro de giz, aliada ou não ao nome da escola;
b) e uma expressão do tipo "boa-noite".

Essa forma igual de começar desencadeia uma sensação de desinteresse nos alunos, que passam a não perceber mais significado nessas tarefas e acabam, assim, não se envolvendo produtivamente com elas. Muitos deles inclusive já trazem a data pronta de casa, às vezes escrita por outras pessoas, para evitar a "chatice" de ter que copiar na aula.

Para que os alunos aprendam a ler e a escrever, é preciso que desejem fazê-lo. Para tal, é papel do professor que alfabetiza jovens e adultos realizar um trabalho de:

a) sedução;
b) mobilização;
c) motivação para a aprendizagem.

Esse trabalho acontece ao longo de todas as aulas, e não apenas no início de cada uma delas. Contudo, o começo das atividades é um dos momentos mais marcantes, como tem sido evidenciado por pesquisas (Tapia, 1997, 1999, 2002, 2004), porque ele tem um potencial determinante para mobilizar significativamente a atenção, o interesse, a curiosidade dos alunos.

É importante que não se confunda o "mandar fazer" com o fazer e o aprender, pois não é suficiente pedir aos alunos que façam alguma tarefa para que eles a realizem, envolvendo-se intelectualmente (Meirieu, 2005).

Em tarefas repetitivas, em geral, eles copiam de forma mecânica, o que dificilmente produz pensamentos e aprendizagens significativas. "Estabelece-se tal grau de saturação do educando com relação à escola, que ele acaba rejeitando tudo aquilo que é solicitado, perdendo, portanto, a sensibilidade para perceber uma proposta alternativa, significativa" (Vasconcellos, 1994, p. 27).

Ao iniciar as aulas sempre do mesmo modo, o professor pode encaminhar a aprendizagem de coisas muito diferentes das que intenciona ensinar, ou seja, pode resultar que o aluno aprenda a não se envolver com as propostas, a não se interessar, a esperar o desenvolvimento de atividades previsíveis, chatas, cansativas e com ausência de objetivos aparentes.

Nesse sentido, M. Freire (1998) faz referência à expressão "rotina não rotineira" da sala de aula. Diferente da compreensão corriqueira da palavra rotina, de algo que se arrasta tediosamente, a rotina a que a autora se refere é a entendida como a cadência sequenciada de atividades estáveis, porém diferenciadas, que se desenvolvem com características próprias em cada grupo.

Para que a rotina não rotineira se construa é preciso que ela seja norteada pelo objetivo geral do grupo, que é o de aprender e ensinar a ler e a escrever. Sendo assim, demanda a clareza, tanto para o professor como para os alunos, dos objetivos das atividades que são propostas em cada encontro.

Para que seja construída de modo sistemático, sugere-se que sejam planejados os três momentos que constituem toda e qualquer aula: o início, o desenvolvimento e o fechamento. Estes, embora não aconteçam da mesma maneira, precisam ocorrer.

É necessário também o planejamento de alguns elementos contextuais que explicitem e encaminhem a percepção de ser ali um espaço que se desenvolve com características próprias, cujas intenções são o ensino e a aprendizagem, tais como: os horários são estabelecidos e cumpridos (início da aula, intervalo, saída).

Algumas atividades são sempre sistematizadas e esperadas pelos alunos:

a) a chamada não apenas burocrática, mas significativa, utilizada como forma de explicitar a importância da presença de todos;

b) a distribuição diária dos crachás, que servirá de matéria-prima para o pensamento;

c) se houver lição de casa, ela precisa ser retomada no encontro seguinte;

d) o contrato pedagógico que é explicitado cotidianamente;

e) um texto (informativo, literário, jornalístico) é sempre lido em algum momento da aula e, algumas vezes, não sempre, desencadeia atividades planejadas para a construção de aprendizagens objetivadas;

f) o intervalo, que preferencialmente é precedido por uma merenda coletiva;

g) o fechamento da aula, quando serão retomadas as aprendizagens construídas, avaliadas e autoavaliadas as estratégias desenvolvidas.

No caso da alfabetização, na rotina não rotineira, são demandadas propostas diárias que devem encaminhar para o pensamento e a reflexão sobre a escrita. Isso é realizado com perguntas do tipo:

a) Como se escreve?

b) Com o quê?

c) Com que letras?

d) Com quantas letras?

e) Com quais letras?

f) Para quê?

A fim de que os alunos enfrentem as propostas com envolvimento e desejo de realizá-las, é preciso que o professor organize as condições para isso. Uma delas é a mobilização da curiosidade dos alunos no início da aula.

Este seria outro "detalhe" a ser pensado no planejamento didático do início da aula: a ativação da curiosidade.

2
A ativação da curiosidade

Segundo Alves (2003, p. 8), a curiosidade é "uma coceira nas ideias". Ela pode ser provocada pela dúvida, pelo confronto com a própria ignorância, pela sensação de desconhecimento, de surpresa, com atitudes inesperadas, desordenando o conhecimento prévio. "A curiosidade é a voz do corpo fascinado com o mundo. A curiosidade quer aprender o mundo. A curiosidade jamais tem preguiça" (Alves, 2004, p. 62).

Roland Barthes escreveu um ensaio sobre a preguiça, declarando que ela pertence essencialmente aos ambientes escolares, porque lá os aprendizes "são obrigados a fazer o que não querem fazer, a pensar sobre o que não querem pensar". O aprendiz, sem querer, arrasta-se pelo que lhe é imposto. Para modificar isso, é preciso despertar a curiosidade do sujeito, encaminhando o desejo e a necessidade de saber.

A curiosidade é um processo manifesto da conduta operatória ativado, dentre outras coisas, pelas características da informação, tais como: a novidade, a complexidade, a surpresa, a ambiguidade que o professor pode utilizar para captar a atenção dos alunos (Tapia, 2005).

Quando as características de um objeto, ou de um problema, despertam a curiosidade de alguém, este lhe dedicará atenção, o que qualificará os processos de ensino e de aprendizagem. Por isso, para que um aluno aprenda algo, precisa desejar dedicar atenção e tempo a isso, explorando suas características. A curiosidade depende também de que os alunos deparem com informações/fenômenos inéditos, que rompam com suas ideias prévias por estabelecer confronto com elas e que se constituam em questionamentos, desafios (Tapia, 2005).

Numa classe de alfabetização de jovens e adultos, uma estratégia para despertar a curiosidade pode ser exemplificada a partir de uma mudança numa conduta rotineira, como a distribuição dos crachás.

Se ao contrário, em todas as aulas, o crachá for distribuído da mesma forma, ou em algumas aulas sim e em outras não, ele poderá perder tanto o seu significado de referencial de palavras estáveis quanto o de fornecer matéria-prima para o pensamento dos aprendizes.

É preciso lembrar que o crachá não é, como pensam muitos professores, apenas para que se possa memorizar o nome dos alunos. Ele precisa e deve ser utilizado, ao longo de todo o período dedicado às aulas, com sentido e significado, servindo de matéria-prima para a produção de pensamento sobre como se escreve e como se lê.

O que é bem conhecido, justamente por ser conhecido não o é, disse Hegel. Porém, se todos os dias o professor inventar uma maneira diferente de distribuir e evidenciar o significado dos crachás poderá, desse modo, caracterizar um início de aula catalisador de curiosidade.

Algumas estratégias de distribuição de crachás poderiam ser:
a) a aleatória, para que cada um descubra a quem pertence e o entregue ao colega correspondente;

b) a de adivinhas, como: "Começa com a letra tal, termina com tal e tem tantas letras, é de homem e está sentado do meu lado esquerdo, na terceira classe", e por aí vai: "Loiro, moreno, alto, baixo".

Ao agir assim, além de mobilizar a atenção dos aprendizes, de contribuir para o pensamento sobre com que letra se escreve, com quantas letras, o professor estará também oportunizando outras aprendizagens, como a dos conceitos de esquerda, direita, início, meio e fim, primeiro, segundo, maneiras de descrever uma pessoa etc.

Despertar a curiosidade e criar a consciência do problema proposto a fim de que os sujeitos percebam os objetivos da atividade são ações necessárias para que em toda e em qualquer aula as aprendizagens sejam significativas.

Essas ações sozinhas não são suficientes, mas, para que os alunos se interessem, se envolvam nas tarefas e se esforcem por aprender, torna-se necessário que sejam planejadas estratégias no sentido de ativar e manter o interesse dos alunos.

3
A ativação e manutenção do interesse

É comum que os alunos tentem realizar as tarefas que lhes são solicitadas sem questionamentos. O fato de aceitarem a situação como está não significa, obviamente, que suas metas sejam aprender e compreender. Geralmente significa que construíram a aprendizagem de que vão deparar com consequências desagradáveis, se não executarem o que o professor está solicitando.

Porém, se, no início de uma aula e/ou atividade, o professor considerar, em seu planejamento, estratégias para despertar a curiosidade dos alunos, criando a consciência do problema proposto, as probabilidades de assim chamar a atenção dos alunos são maiores (Tapia, 2005).

Interessar-se por algo significa manter a atenção centrada nele, no caso específico, no desenvolvimento da atividade/procedimento planejado. Diferencia-se, portanto, de despertar a curiosidade, que significa direcionar a atenção para algo novo, surpreendente, incerto. O interesse depende tanto de fatores pessoais como de contextuais (Tapia, 1997).

Para que se possa manter a atenção centrada em algo, é preciso que ela seja inicialmente despertada; porém, com o transcorrer do tempo, se não for retroalimentada, essa atenção pode ser perdida, transformando-se em hábito, desencadeando o não envolvimento com a tarefa.

É preciso que o professor observe constantemente e fique atento a esse possível movimento do grupo. Se este se desligar do envolvimento com a tarefa, o professor deverá retomar o interesse, provocando outro tipo de concentração por meio da diversificação das propostas e/ou de questionamentos desafiadores.

Assim, uma vez que a atenção for despertada, é preciso considerar outros fatores pessoais para mantê-la. Um deles é que a tarefa seja planejada de modo a oportunizar os alunos a alcançarem as metas à medida que se aproximam delas, o que demanda percepção das características da proposta: que não seja nem difícil demais, nem fácil demais e que permita perceber a relevância de seus objetivos.

O professor pode contribuir para essas condições, explicitando seus objetivos concretos, bem como organizando o tempo para sua realização. "O trabalho que se solicita é explicitado por enunciados, cuja clareza e precisão condicionam o êxito das aprendizagens propostas" (Meirieu, 2005, p. 184). É preciso que a proposta esteja articulada com o que os alunos sabem e o que o professor está propondo.

Para tal, o professor deve desenvolver a atitude contumaz de atento observador das interações que se desenvolvem. Deve estar consciente de que utilizar o que sabem não significa simplesmente que o aluno deva usar o conhecimento construído, mas também ousar, arriscar, propor. Os aprendizes precisam testar suas hipóteses e enfrentar as contradições. Os confrontos entre as suas construções, entre as suas e as dos colegas, entre aquilo que é considerado "correto", é importante porque estimula a aprendizagem.

Nesses confrontos de ideias é provável que haja necessidade de questionamentos e explicitação de dúvidas. Então, é preciso que o clima motivacional, que inclui a confiança estabelecida na sala de aula, seja tal que os sujeitos se sintam à vontade para expressar dúvidas, questionar, divergir, argumentar.

Para oportunizar que todos aprendam, a sala de aula precisa ser organizada de modo a encaminhar a percepção de ser espaço livre de ameaça (Meirieu, 2005). O sentimento de "autorização" para os questionamentos e as falas também precisa ser construído sistematicamente por meio da explicitação disso ao longo dos encontros e:

a) do incentivo;

b) da potencialização;

c) da priorização do diálogo;

d) da interação entre os sujeitos.

Nesse sentido, é necessário que o professor planeje situações que vão demandar que os alunos mobilizem, ativem o conhecimento já construído ou prévio para ir além e resolver o novo problema proposto.

4
A ativação do conhecimento prévio

A ativação do conhecimento prévio não se refere apenas a que o professor pergunte o que os alunos sabem sobre determinado conteúdo que deseja trabalhar. É também, mas não é só.

Quando o professor introduz uma "nova" informação, a compreensão desta depende de que os alunos sejam capazes de relacioná-la e integrá-la com o que já construíram, já aprenderam, já conhecem.

A coerência não é uma qualidade óbvia do próprio discurso do professor, mas uma característica da representação que o sujeito construiu e que possibilita ou não a integração de informações que já sabe com a "nova" (Sanchez *et al.*, 1994). Para que isso aconteça é preciso desenvolver estratégias de mobilização do conhecimento já construído.

Muitas vezes, o sujeito sabe alguma coisa, mas não percebe a relação que esse saber tem em outro contexto, na organização do que parece ser uma informação totalmente nova. Por isso, existe a necessidade do que se denomina ativação do conhecimento prévio, ou seja, estratégias de mobilização e explicitação de saberes que estão relacionados com a nova proposta planejada pelo professor.

Há muitas aulas, e isso é um exemplo corriqueiro, em que os professores perguntam, por exemplo, "O que vocês sabem sobre ecologia?" Os alunos, por sua vez, trazem várias informações, que são escutadas com aparente interesse.

Mas, depois de permitir que todos se manifestem, muitos professores dizem: "Muito bem!", e recomeçavam a aula discorrendo sobre o que era o termo "ecologia", sua raiz semântica, suas implicações, caracterizando o que Vasconcellos (1994) aponta como aula transmissiva disfarçada, camuflada, que não utiliza nem contextualiza as informações trazidas pelos alunos.

Agindo dessa forma, os professores apenas tentam contemplar, sem compreender para que, o princípio construtivista de aprendizagem que diz que é preciso partir do conhecimento prévio do sujeito.

Tem havido compreensões muito inadequadas desse pressuposto que afirma que é preciso partir da realidade do aluno para desencadear o processo de construção de aprendizagem de um determinado conteúdo. Existem evidências, selecionadas por relatos orais de professores, em que eles compreendem que a realidade da qual precisam partir é a realidade social que os sujeitos vivenciam. Isso inclui suas condições de vida e suas relações familiares. Não é essa, entretanto, a realidade que deve interessar ao professor-alfabetizador: nem dos jovens, nem dos adultos e nem a das crianças.

A necessidade de considerar a realidade do aluno no planejamento didático decorre de que, apoiada na concepção construtivista de aprendizagem, o conhecimento acadêmico não pode ser reduzido à transmissão de saberes culturais. Estes são saberes inacabados, provisórios. Existe então a necessidade da reconstrução do saber, pois o processo de construção do conhecimento é subjetivo, e não uma cópia fiel da realidade.

O sujeito aprende quando é capaz de mobilizar, organizar suas redes de informações, seus conhecimentos já construídos, reconstruindo o próprio pensamento em um nível complexo de articulação, compreensão e utilização.

A realidade a que os pressupostos construtivistas de aprendizagem se referem prioriza, então, o diagnóstico dos conhecimentos prévios dos alunos sobre o conteúdo que se quer ensinar. De onde parte esse sujeito? Que conhecimentos, que hipóteses já elaborou?

É esta a realidade do aluno que serve de base para o trabalho do professor: os conhecimentos prévios, as hipóteses já formuladas, os esquemas de pensamento já construídos.

Ativar os conhecimentos prévios, então, é oportunizar que mobilizem, articulem e expressem o pensamento, as hipóteses, com o "novo" conhecimento que o professor está propondo construir.

Isso não precisa ser feito de modo direto, por exemplo, questionando: "O que sabem sobre texto descritivo?", mas sim trazendo diferentes tipos de portadores de texto e perguntando se conhecem, se sabem para que serve cada um deles.

Ao proceder assim, solicitando que pensem, comparem, distingam, selecionem, o professor estará:

a) oportunizando a mobilização do conhecimento prévio dos alunos sobre os diferentes tipos de textos;
b) direcionando o seu pensamento para as características inerentes a cada um;
c) possibilitando que reflitam sobre as funções e as formas de cada texto;
d) reelaborando as percepções sobre as funções/formas específicas do texto descritivo.

Pelo conhecimento da realidade do aluno, o professor obterá subsídios para provocar o conflito, a percepção da insuficiência dos esquemas já construídos para atender a outras situações-problema. Isso demanda esforço também no sentido de criar um contexto de compreensão comum ao grupo, enriquecido com a contribuição dos diferentes participantes.

Nesse contexto, a ativação do conhecimento prévio é coerente com a concepção complexa que percebe o aprender como *a criação de possibilidades de estabelecer relações entre o conhecimento construído, as novas informações e o confronto com a realidade.*

Para envolver-se com as tarefas propostas é preciso também que o sujeito perceba para que necessita fazer tal coisa. Aonde vai chegar com isso? Qual a serventia? A que possibilidades de aprendizagem essa atividade pode conduzir?

Sendo assim, é preciso pensar no como oportunizar que os alunos atribuam significado às tarefas propostas.

5
A construção de significado da atividade proposta

Quando deparam com uma tarefa em sala de aula, os aprendizes, geralmente, elaboram implícita ou explicitamente a seguinte pergunta: "Para que será que serve isto?" Essa pergunta sinaliza para uma busca de significado, para o que é preciso fazer e o porquê disso.

As respostas ou a ausência delas, por sua vez, vão condicionar as ações do sujeito e a qualidade do seu envolvimento, do seu esforço e da sua persistência na atividade.

Significar um objeto de conhecimento implica provocar, desafiar, estabelecer relações com ele. É preciso que este corresponda, em algum nível, à satisfação de uma necessidade, mesmo que ela não esteja tão consciente no início (Vasconcellos, 1994).

O significado construído em torno da tarefa proposta para a aprendizagem é também um fator que pode condicionar a intenção com que os aprendizes vão se envolver com ela (Tapia, 1997).

Explicitar a relevância do problema proposto, cuidando para que este vá ao encontro dos objetivos valorizados pelos aprendizes, costuma ser positivamente motivador para a maioria dos alunos de diferentes contextos escolares.

No caso dos alfabetizandos jovens e adultos, é importante também a explicitação de diferentes usos para o mesmo objeto – a linguagem escrita –, visto que os motivos dos alunos, o que os mobilizou a voltar a estudar, geralmente são distintos (Tapia, 2005).

Os alunos se sentem mais envolvidos e conseguem produzir de modo mais eficiente quando o professor tem o cuidado de, por um lado, refletir sobre o tipo de dúvidas e questionamentos que a tarefa pode suscitar e, por outro, buscar responder, para si mesmo, algumas delas, pois é importante também ter a clareza de que a atividade solicitada é condicionada pela qualidade dos enunciados (Meirieu, 2005).

Quando da elaboração do enunciado, o professor deve reler e tentar, empaticamente, colocar-se no lugar daquele a quem é demandado realizar a tarefa, perguntando-se:

a) Que possibilidades de compreensão o aluno terá desse enunciado?
b) Que dúvidas ele poderá originar?
c) Que ambiguidades ele ainda contém?

À medida que o professor vai se perguntando isso, ele vai tentando sanar os possíveis "desvios" existentes no texto que poderiam encaminhar o(s) esquema(s) de pensamento dos alunos para caminhos não planejados, pois:

> O professor que trabalha a partir das representações dos alunos tenta reencontrar a memória do tempo em que ainda não sabia, colocar-se no lugar dos aprendizes, lembrar-se de que, se não compreendem, não é por falta de vontade, mas porque o que é evidente para o especialista parece opaco e arbitrário para os aprendizes (Perrenoud, 2000, p. 29).

Algumas vezes, no entanto, apesar do cuidado, da reflexão, da atenção, da empatia, da experiência e de outros ingredientes importantes para prática pedagógica, o que tenho observado é que, mesmo assim, os enunciados ainda suscitam diferentes interpretações. Algumas "óbvias", outras nem tanto.

Relato a seguir uma dessas situações, por mim vivenciada, para exemplificar o que estou tentando dizer.

Em uma classe de alunas adultas, em processo de alfabetização, foi distribuído um jornal elaborado pela instituição coordenadora do projeto. Naquele jornal, em um artigo, havia a descrição do projeto, especificando seus diferenciais em relação a outros. Esse fato ocorreu bem no início do projeto e, como tema de casa, foi solicitado que as alunas marcassem no texto quatro palavras iniciadas pela letra E. O enunciado foi expresso oralmente, e a atividade foi encaminhada como tarefa de casa.

Na aula seguinte, cumprindo a rotina não rotineira das aulas, ciente de que, quando se solicita tema de casa, ele precisa ser retomado no encontro seguinte, a fim de que possa contribuir para a atribuição e a construção de significado a esse tipo de tarefa, a professora indagou quem havia feito o tema e pediu que as alunas ditassem as palavras destacadas. Foi para o quadro e esperou.

A primeira aluna ditou quatro palavras diferentes iniciadas pela letra E. A professora as escreveu no quadro. Feito isso, perguntou quem mais havia realizado a tarefa.

Outra aluna se apresentou e ditou a primeira palavra: "ensina". A professora escreveu. Ditou a segunda: "en...si...na". A professora parou, pensou, relutou, nada disse e escreveu, novamente, a palavra "ensina" no quadro. Não houve nenhum comentário da parte das outras alunas. Terceira palavra: " en...si...na".

Os pensamentos da professora fervilhavam. Ela refletia ferozmente, ao mesmo tempo em que escrevia o que a aluna ditava. Lembrou-se, então, de dois fatos. O primeiro: quando solicitou, oralmente, a tarefa, disse: marquem quatro palavras que comecem com a letra "e" – *não* disse quatro palavras *diferentes*. O segundo: no jornal, a palavra "ensina" aparecia várias vezes, em frases diferentes, em contextos diversos.

Assim, de acordo com a solicitação da professora, a aluna realizou a tarefa de maneira adequada. Embora para a professora fosse *óbvio* que estava solicitando quatro palavras diferentes, a aluna não compreendeu assim.

Conclusão: "O que é óbvio para um não é necessariamente para o outro". Dando continuidade à aula, a professora leu com as alunas as palavras escritas no quadro e percebeu que não houve surpresa quanto à repetição da palavra "ensina". Em relação a isso, afirma Lacerda (2002, p. 39):

> Nossas certezas são para nós mesmos tão óbvias, claras e definitivas que nos impedem de perceber que são tão somente formas óbvias, claras e definitivas que temos de olhar para o que somente nós vemos. Qualquer coisa que ultrapasse isso necessariamente precisará esbarrar nas certezas do outro, e de um outro, e de mais um outro também.

Esse episódio parece não ter tido consequências negativas nos objetivos pretendidos naquela atividade, e para mim foi fonte de importantes aprendizagens. Semelhante acontecimento, com as mesmas alunas, porém com outra professora que não considerasse o óbvio como dependente da subjetividade do sujeito, poderia gerar consequências negativas para a aprendizagem.

Dependendo da abordagem, ela poderia, por exemplo, contribuir para minar a autoestima da aluna, para ridicularizá-la perante o grupo, para gerar uma sensação de incapacidade compreensiva e tantas outras situações não tão óbvias e nem tão evidentes.

Nesse sentido, detalhes como a elaboração do enunciado da atividade que se pretende propor não podem ser meros "detalhes". Tudo precisa ser previamente investigado, (re)pensado, (re)significado para que o sujeito se envolva produtivamente nas tarefas propostas, percebendo seus objetivos.

Essas percepções, bem como as aprendizagens construídas ao longo da aula, precisam ser explicitadas em um momento planejado para isso.

6
O fechamento da aula: sistematização das aprendizagens construídas

Em toda atividade humana há sempre o momento da síntese. Os professores precisariam saber disso, pois, em seu ofício, as atualizações, as sínteses regulares são indispensáveis (Meirieu, 2005).

Não se podem pretender, entretanto, sínteses definitivas, mas é preciso representar de modo organizado o conjunto daquilo que, em um dado momento, tem sentido e significado.

Elas não precisam acontecer necessariamente no final da aula.

A percepção de estar aprendendo precisa ser explicitada. Serve de retroalimentação para o desejo de continuar aprendendo. O fechamento da aula é o espaço intencional e formalizado para isso.

No final de todas as aulas, percebidas coerentemente como únicas, é preciso planejar intencionalmente espaço para explicitações das aprendizagens construídas e outras questões inerentes àquele encontro que está se finalizando.

É preciso que isso seja feito de modo cotidiano e sistemático, pois a tarefa proposta não é em si mesma o objetivo a atingir. É o objetivo que deve ser avaliado por meio da tarefa. Perguntas, como:

a) O que se aprendeu hoje?
b) Onde se pode usar isso?
c) De onde se partiu, de qual hipótese?

d) Aonde se chegou?
e) Houve avanços?
f) Para onde se deve ir?
g) O que se sugere para a continuidade?

são questionamentos que podem ser desencadeadores do objetivo perseguido em todas as aulas de perceber-se aprendendo e o quê.

O professor precisa ter clareza de que planeja suas aulas em função do que o aluno precisa aprender. A partir desse direcionamento, ele pode estruturar seu planejamento na dupla "encontrar/procurar": o que o aluno tem que encontrar e como pode procurar (Meurieu, 2005).

Uma sugestão de estratégia para o fechamento da aula é retomar o contrato pedagógico do dia, rever oralmente o que estava planejado para o encontro e questionar as percepções dos alunos sobre o seu desenvolvimento. Podem-se listar as aprendizagens que se pretendia construir e ir questionando uma por uma. Enfim, estratégias podem ser planejadas, desde que se tenham claros quais os objetivos essenciais do fechamento.

Sintetizando:

a) No início da aula, é preciso desenvolver estratégias para mobilizar a curiosidade, a atenção e manter o interesse dos alfabetizandos.

b) No desenvolvimento, é preciso considerar o modo de desencadear as atividades, significando as propostas, fornecendo pistas para a utilização do conhecimento prévio na resolução dos problemas desencadeados.

c) No fechamento, é preciso:
- desenvolver estratégias para a avaliação e a autoavaliação das intervenções;

- fazer a articulação e a percepção das aprendizagens construídas;
- relembrar a necessidade da participação de todos para os avanços no processo;
- ouvir sugestões e/ou percepções para a continuidade.

Como já se afirmou, cada aula é única. No entanto, como geralmente a aula faz parte de um conjunto de encontros que serão realizados (projetos específicos, semestre, ano), a sensação natural é de que o que for "esquecido" hoje poderá ser retomado amanhã. Isso é que faz com que, "inconscientemente", não se dê tanta importância aos detalhes do planejamento.

Esse modo de pensar precisa mudar, por tantas razões já comentadas. Uma das estratégias para essa mudança seria planejar cada aula de acordo com a sistematização dos três momentos citados, quais sejam: o início, o desenvolvimento e o fechamento. Está aberto o debate. Aqueles que discordarem dessa ideia e dos detalhes que ela demanda enviem-me sugestões e críticas.

Finalizando provisoriamente

Ensinar e aprender são ações que acontecem em uma dimensão do real que nem sempre são objetivamente observáveis. Pode-se ver, avaliar, escutar, descrever, observar o que acontece em aula, mas não se pode afirmar que se está ensinando nem aprendendo até que cada um seja introduzido no espaço do real, onde vai ocorrer o encontro com o outro.

É nesse espaço e nesse tempo que se pode viver uma experiência cultural compartilhada, na qual:

a) se pensa com o outro;

b) os esquemas de pensamento se unem;

c) os desejos e as ideias são compartilhados e se colocam mais além ou aquém dos saberes de cada um.

Esse espaço não é apenas uma sala de aula. É o espaço do encontro com o outro. É o espaço em que vão acontecer todas as interações. É nele que as hipóteses, as ideias, as conjeturas, as dúvidas, os questionamentos, os encontros de sentido, os planejamentos, a produção de pensamentos e de cultura precisam circular. É aí que todas as situações são vivenciadas.

É aí que a singularidade, a marca do outro, perpassa a de cada um. É aí o lugar em que acontece o riso com o que o outro diz. Aí está a surpresa, o desafio, a contraposição de ideias. Aí surgem as dúvidas, os desgostos, a demanda pela busca de argumentos. É aí que o próprio pensamento se pensa.

A participação ativa encaminha para o processo metacognitivo: aprender a (re)pensar o próprio pensamento – refazer, retomar os caminhos, equacionar dúvidas, sistematizar informações, (re)produzir pensamentos, reelaborar conhecimento. Ensinar e aprender demandam produção diferenciada de sentidos e construção de regras comuns para sua comunicação.

Para tudo existem possibilidades e limites, sendo estes últimos incertos e passíveis de transgressões. Sendo assim, como professora e como alfabetizadora de jovens e adultos, é preciso acreditar que todos podem aprender a ler e a escrever num tempo delimitado para isso.

O processo, entretanto, deve ser orientado, planejado e executado por um profissional que embase sua prática pedagógica nos conhecimentos cientificamente construídos sobre os processos de ensino e de aprendizagem da leitura e da escrita e busque apoiar sua prática docente na *serendipidade*, planejando cada detalhe cotidianamente.

A proposta deste livro foi a de priorizar os detalhes referentes ao ensino e à aprendizagem da leitura e da escrita. Ao longo do livro apresentei os invariantes didáticos e outras ideias indispensáveis para a construção de uma proposta didática que deseje alfabetizar todos os alunos.

Não pretendi neste livro entrar, muito menos aprofundar outras questões totalmente relacionadas ao ensino e à aprendizagem, como as que se referem a políticas públicas, economia, cultura, que influenciam/são influenciadas pelo macrocontexto. Não significa que não percebo as relações e sua importância para a melhoria da qualidade da educação no nosso país.

São tantas as questões didáticas, pedagógicas, tantos os detalhes que precisam ser abordados, mas procurei manter o foco no que é minha área de atuação específica, no que aprendi e vivenciei ao longo de minha trajetória como alfabetizadora e formadora de professores-alfabetizadores.

Espero que a leitura tenha sido produtiva, prazerosa, desordenadora de hipóteses, e que ela desencadeie olhares e práticas que possibilitem o alcance da aprendizagem da leitura e da escrita para todos os alfabetizandos. Disponibilizo meu e-mail para críticas e sugestões (suzanaschwartz@unipampa.edu.br).

Finalizando, outro objetivo deste livro é deixar o leitor com fome de mais leituras e, para tanto, gostaria de sugerir leituras complementares. Para aqueles professores que buscam mais ideias práticas de sequências didáticas para trabalhar em sala de aula, sugiro:

1) ULZURRUN, A. P. et al. *A aprendizagem da leitura e da escrita a partir de uma perspectiva construtivista*. Porto Alegre: Artmed, 2004.

2) CURTO, L. M.; MORILLO, M. M.; TEIXIDÓ, M. M. *Escrever e ler: materiais e recursos para a sala de aula*. Porto Alegre: Artmed, 2000. v. 2.

3) FUCK, I. T. *Alfabetização de adulto*: relato de uma experiência construtivista. Petrópolis: Vozes, 1996.

Referências

ABRAHÃO, M. H. M. B. et al. *Avaliação e erro construtivo libertador*: uma teoria – Prática includente em educação. Porto Alegre: Edipucrs, 2004.

ABRAMOVICH, F. *Quem educa quem?* São Paulo: Summus, 1985.

AÇÃO EDUCATIVA/MEC. Breve histórico da Educação de Jovens e Adultos no Brasil. In: *Educação de jovens e adultos: proposta curricular para o primeiro segmento do Ensino Fundamental*. São Paulo: Ação Educativa/MEC/Unesco, 1996.

AÇÃO EDUCATIVA/MEC. Disponível em http://www.acaoeducativa.org.br/downloads/inaf03.pdf. Acesso: 25 jun. 2005.

ALBUQUERQUE, E. B. C.; LEAL, T. F. *A alfabetização de jovens e adultos em uma perspectiva de letramento*. Belo Horizonte: Autêntica, 2004.

ALLIAUD, A. Las autobiografias como instrumento de indagación y transformación de la docência. *Revista Ensayo e Error*, Caracas, 1999.

ALMEIDA, L. S. Inteligência e aprendizagem: dos seus relacionamentos à sua promoção. *Psicologia: teoria e pesquisa*, v. 8, n. 3, p. 277-292, 1992.

ALVES, R. *Entre a ciência e a sapiência*. O dilema da educação. São Paulo: Loyola, 2004.

ALVES, R. Curiosidade é uma coceira nas ideias. *Folha*, São Paulo, 23 jul. 2002.

AQUINO, J. G. Volta às aulas. *Revista Nova Escola*, n. 149, jan.-fev 2002.

BORUCHOVITCH, E.; BZUNECK, J. A. *A motivação do aluno*. Petrópolis: Vozes, 2001.

BURON, J. *Motivación y aprendizaje*. Bilbao: Mensajero, 2004.

CAGLIARI, L. C. *Alfabetizando sem ba-be-bi-bo-bu*. São Paulo: Scipione, 2003.

CAMARGO, A. C. C. S. *Educar: uma questão metodológica?* – Proposições psicanalíticas sobre o ensinar e o aprender. Petrópolis: Vozes, 2006.

CARNOY, M. Um retrato da sala de aula. *Revista Veja*, São Paulo, n. 2132, 30 set. 2009.

COLLELO, S. M. G. *A escola que (não) ensina a escrever*. São Paulo: Paz e Terra, 2007.

CORDIÉ, A. *Os atrasados não existem – Psicanálise de crianças com fracasso escolar*. Porto Alegre: Artes Médicas, 1996.

CURTO, L. M.; MORILLO, M. M.; TEIXIDÓ, M. M. *Escrever e ler: materiais e recursos para a sala de aula*. Porto Alegre: Artmed, 2000. v. 2.

DUBOIS, M. E. El fator olvidado en la formación de los maestros. *Lectura y Vida, Revista Latinoamericana de Lectura*, ano 2, n. 4, dez. 1990.

FRANCISCO, M. F. Contos para crianças e adolescentes. *Revista Nova Escola*, n. 152, 2004.

FERNANDEZ, A. Os professores devem buscar a ressignificação de sua aprendizagem. *Pátio Revista Pedagógica*, ano 1, n. 4, p. 26-29, fev.-abr. 1998.

FERREIRO, E. *Com todas as letras*. São Paulo: Cortez, 2007.

FERREIRO, E. *Alfabetización: teoría y práctica*. México: Siglo Veintiuno, 2002.

FERREIRO, E.; TEBEROSKY, A. *Psicogênese da língua escrita*. Porto Alegre: Artes Médicas, 1985.

FERREIRO, E. et al. Los adultos no alfabetizados y sus conceptualizaciones del sistema de escritura. *Cuadernos de Investigaciones Educativas*, México, Centro de Investigación y Estudios Avanzados del I.P.N, 1983.

FREIRE, M. *Rotina: construção do tempo na relação pedagógica*. São Paulo: Espaço Pedagógico, 1998.

FREIRE, M. O que é grupo? *In*: GROSSI, E. P.; BORDIN, J. (org.). *Paixão de aprender*. Petrópolis: Vozes, 1996.

FREIRE, P. *Professora sim, tia não: cartas a quem ousa ensinar*. São Paulo: Olho d'Água, 2000.

FREIRE, P. *Pedagogia da autonomia: saberes necessários à prática docente*. Rio de Janeiro: Paz e Terra, 1998.

FREIRE, P. *Pedagogia da Autonomia: saberes necessários à prática educativa*. Rio de Janeiro: Paz e Terra, 1997.

FREIRE, P.; FAUNDEZ, A. *Por uma pedagogia da pergunta*. Rio de Janeiro: Paz e Terra, 1985.

FREIRE, P.; SCHOR, I. *Medo e ousadia: o cotidiano do professor*. Rio de Janeiro: Paz e Terra, 1987.

GAIARSA, J.A. Disponível em http://www.velhosamigos.com.br/Autores/Gaiarsa/gaiarsa21.html. Acesso: 17 dez. 2006.

GEEMPA. *Alfabetização em classes populares*. Porto Alegre: Kuarup, 1986.

GROSSI, E. P. (org.). *Ensinando que todos aprendem*. Porto Alegre: Edelbra, 1998.

HERMAN, F. *O que é psicanálise: para iniciantes ou não...* São Paulo: Psique, 1999.

HERNANDEZ, F. A importância de saber como os docentes aprendem. *Pátio Revista Pedagógica*, ano 1, n. 4, p. 8-13, fev.-abr. 1998.

HUERTAS, J.A. *Motivación: querer aprender*. Buenos Aires: Aique, 2001.

IBGE. *Geografia da educação brasileira*. Brasília: Inep, 2001.

INSTITUTO PAULO MONTENEGRO. Habilidades funcionais. *Inaf*, São Paulo, 20??. Disponível em: https://alfabetismofuncional.org.br/habilidades-e-niveis-de-alfabetismo/ Acesso: 19 abr. 2024.

INSTITUTO PAULO MONTENEGRO. Resultados do Inaf 2009, São Paulo, 2009. Disponível em: http://www.ipm.org.br/ipmb_pagina.php?mpg=4.02.01.00.00&ver=por. Acesso em 22 abr. 2024.

JOLIBERT, J. *Além dos muros da escola: a escrita como ponte entre alunos e comunidade*. Porto Alegre: Artmed, 2006.

JOLIBERT, L. *Formar niños lectores de textos*. Santiago do Chile: Universitaria, 1992.

KOCH, I.G.V.; TRAVAGLIA, L.C. *Texto e coerência*. São Paulo: Cortez Editora, 1989.

KOCH, I. G. V.; ELIAS, V. M. *Ler e compreender os sentidos do texto*. São Paulo: Contexto, 2006.

LACERDA, M. P. *Quando falam as professoras alfabetizadoras*. Rio de Janeiro: DP&A, 2002.

LEAL, T. L.; ALBUQUERQUE, E. B. C. *Desafios da educação de jovens e adultos*. Belo Horizonte: Autêntica, 2006.

LEU, D.; KINZER, C. K. The convergence of Literacy Instructions with Networked Technologies for Information and Communication. *Reading Research Quartely*, [s.l.], v. 35, n. 1, p. 108-127, 2000.

MACEDO, L. *Ensaios pedagógicos: como construir uma escola para todos?* Porto Alegre: [s.n.], 2005.

MANZANARES, V. Os sindrômicos de down aprendem? *Revista do Geempa*, n. 8, 2001.

MEIRIEU, P. *O cotidiano da sala de aula: o fazer e o compreender*. Porto Alegre: Artmed, 2005.

MINISTÉRIO DA EDUCAÇÃO. *Geografia da educação brasileira*. Brasília: Inep, 2001.

MORIN, E. *O método V: a humanidade da humanidade; a identidade humana*. Porto Alegre: Sulina, 2003.

MORIN, E. *Os sete saberes necessários à educação do futuro*. São Paulo: Cortez, 2001.

MORIN, E. *A cabeça bem-feita: repensar a reforma, reformar o pensamento*. Rio de Janeiro: Bertrand, 2000.

MORIN, E. *O método III: o conhecimento do conhecimento*. Porto Alegre: Sulina, 1999.

MORIN, E. *O método IV: a ideia das ideias*. Lisboa: Europa-América, 1998.

MORIN, E. *Meus demônios*. Rio de Janeiro: Bertrand, 1997.

MORIN, E. *Sociologia*. Madri: Tecnos, 1995.

MOSCOVICI, S. *A representação social da psicanálise*. Rio de Janeiro: Zahar, 1978.

MOURA, T. M. M. *A prática pedagógica dos alfabetizadores de jovens e adultos: contribuições de Freire, Ferreiro e Vygotsky*. Maceió: Edufal, 1999.

MRECH, L. M. *Psicanálise e educação: novos operadores de leitura*. São Paulo: Pioneira, 2002.

ORTIZ, D.; ROBINO, A. *Cómo se aprende, cómo se enseña la lengua escrita*. Buenos Aires: Lugar Editorial, 2006.

OSTETTO, L.E. (org.) *Encontros e encantamentos na Educação Infantil*. São Paulo: Papirus, 2000.

PAIN, S. *A função da ignorância*. Porto Alegre: Artes Médicas, 1999.

PERRENOUD, P. *Dez novas competências para ensinar*. Porto Alegre: Artes Médicas, 2000.

PERRENOUD, P. *Construir as competências desde a escola*. Porto Alegre: Artes Médicas, 1999.

PIAGET, J. *Epistemologia genética*. Madri: Debate, 1986.

PICHON-RIVIÈRE, E. *El proceso grupal*. Buenos Aires: Nueva Visión, 1985.

PINTO, A.V. *Sete lições sobre educação de adultos*. São Paulo: Cortez, 1994.

PISA BRASIL. Brasil no Pisa 2018. Inep/MEC: Brasília, 2020. Disponível em: https://download.inep.gov.br/publicacoes/institucionais/avaliacoes_e_exames_da_educacao_basica/relatorio_brasil_no_pisa_2018.pdf. Acesso: 22 abr. 2024.

POZO, J. I. *Aprendizes e mestres: a nova cultura da aprendizagem*. Porto Alegre: Artes Médicas, 2002.

POZO, J. I. Estratégias de Aprendizagem. *In*: COLL, C.; PALÁCIOS, J.; MARCHESI, A. (Orgs.). *Desenvolvimento psicológico e educação: psicologia da Educação*. Porto Alegre: Artes Médicas, p. 176-197, 1996.

PRADO, A. *Filandras*. Rio de Janeiro: Record, 2001.

PRESSLEY, M. *Cómo enseñar a leer*. Barcelona: Paidós, 1999.

PROT, B. *Pedagogía de la motivación: cómo despertar el deseo de aprender*. Madri: Narcea, 2004.

RENICK, M. J.; HARTER, S. Impact of social comparisons on the developing self-perceptions of learning disabled students. *Journal of Educational Psychology*, n. 81, p. 631-638, 1989.

ROSBACCO, I. C. *El desnutrido escolar*. Rosário: Homo Sapiens, 2000.

SACRISTÁN, G. *La educación obligatoria: su sentido educativo y social*. Madrid: Morata, 2000.

SACRISTÁN, G. Mudanças curriculares na Espanha, Brasil e Argentina. *Revista Pátio*, ano 1, n. 0, , p. 35-41, fev.-abr. 1997.

SCHWARTZ, S. Aprendizagem: questão de ritmo? In: ABRAHÃO, M. H. M. B. (Org.). *Professores e alunos: aprendizagens significativas em comunidades de prática educativa*. Porto Alegre: EDIPUCRS, 2009.

SCHWARTZ, S. *Entre a indignação e a esperança – motivação, pautas de ações docentes e orientação paradigmática na alfabetização de jovens e adultos*. 2007. Tese (Doutorado em Educação) – Faculdade de Educação, PUCRS, Porto Alegre, 2007.

SCHWARTZ, S. Aprendizagem: questão de ritmo? *Revista da Faculdade Porto Alegre*, Porto Alegre, vol. 35, p. 4562, 2004.

SCHWARTZ, S. *Reaprender a aprender: o desafio da alfabetização de adultos*. 2007. Dissertação (Mestrado em Educação) – Faculdade de Educação, PUCRS, Porto Alegre, 2007.

SELIGMAN, M. E. P. *Helplessness: on depression, development, and death*. São Francisco: Freeman, 1975.

SOARES, M. B. *Alfabetização e letramento*. São Paulo: Contexto, 2003.

STERNBERG, R. J. *Beyond IQ: a triarchic theory of human intelligence*. Nova York: Cambridge University Press, 1985.

TAPIA, J. A. *Motivar en la escuela, motivar en la familia*. Madri: Morata, 2005.

TAPIA, J. A. *Motivar para el aprendizaje: teorías y estrategias*. Barcelona: Edebe, 1997.

TAPIA, J. A. Estratégias de aprendizagem. *In*: COLL *et al.* (Org.). *Desenvolvimento psicológico e educação: psicologia da educação escolar*. São Paulo: Artmed, 2002. v. 2.

TAPIA, J. A.; FITA, E. C. *A motivação em sala de aula: o que é e como se faz*. São Paulo: Loyola, 1999.

TARDIFF, M. *Saberes docentes e formação profissional*. Petrópolis: Vozes, 1999.

TARDIFF, M.; LESSARD, C. *O trabalho docente: elementos para uma teoria da docência como profissão e de interações humanas*. Petrópolis: Vozes, 2005.

TEBEROSKY, A. Entrevista pessoal em Barcelona, gravada e transcrita, em abril de 2005.

TOLCHINSKY, L. Entrevista pessoal em Barcelona, gravada e transcrita, em abril de 2005.

TORRES, R. M. Alfabetización y aprendizaje a lo largo de la vida. *Revista Interamericana de Educación de Adultos*, n. 1., 2006.

VASCONCELLOS, C. S. *Construção do conhecimento em sala de aula*. São Paulo: Libertad, 1994.

VYGOTSKY, L. S. *Pensamento e linguagem*. São Paulo: Martins Fontes, 1988.

WALLON, H. *Psicologia e educação da infância*. Lisboa: Estampa, 1975.

WEISZ, T. *O diálogo entre o ensino e a aprendizagem*. São Paulo: Ática, 2000.

ZIMMERMAN, B. J. *Self-regulation of learning performance*. Hillsdale: Earlbaum, 1994.

ZIMMERMAN, B. J. A social cognitive view of self-regulated learning. *Journal of Educational Psychology*, n. 81, p. 329-339, 1989.

Conecte-se conosco:

 facebook.com/editoravozes

 @editoravozes

 @editora_vozes

 youtube.com/editoravozes

 +55 24 2233-9033

www.vozes.com.br

Conheça nossas lojas:

www.livrariavozes.com.br

Belo Horizonte – Brasília – Campinas – Cuiabá – Curitiba
Fortaleza – Juiz de Fora – Petrópolis – Recife – São Paulo

  Vozes de Bolso

EDITORA VOZES LTDA.
Rua Frei Luís, 100 – Centro – Cep 25689-900 – Petrópolis, RJ
Tel.: (24) 2233-9000 – E-mail: vendas@vozes.com.br